Michaela Sohn-Kronthaler / Andreas Sohn
Frauen im kirchlichen Leben

topos taschenbücher, Band 672

Gedruckt mit Unterstützung
der Diözese Graz-Seckau und

Das Land
Steiermark

→ Wissenschaft

Michaela Sohn-Kronthaler /
Andreas Sohn

Frauen im kirchlichen Leben

Vom 19. Jahrhundert bis heute

topos taschenbücher

Verlagsgemeinschaft topos plus
Butzon & Bercker, Kevelaer
Don Bosco, München
Echter, Würzburg
Lahn-Verlag, Kevelaer
Matthias-Grünewald-Verlag, Ostfildern
Paulusverlag, Freiburg (Schweiz)
Friedrich Pustet, Regensburg
Tyrolia, Innsbruck

verlags gruppe engagement

Bibliografische Information der Deutschen Nationalbibliothek
Die Deutsche Nationalbibliothek verzeichnet diese Publikation in der Deutschen Nationalbibliografie; detaillierte bibliografische Daten sind im Internet über http://dnb.d-nb.de abrufbar.

2008 Verlagsgemeinschaft **topos** plus, Kevelaer

Einband- und Reihengestaltung | Finken & Bumiller, Stuttgart
Umschlagabbildung: www.photocase.com/diekatha
Herstellung: Pustet | Regensburg
Printed in Germany

Topos ISBN: 978-3-8367-0672-8

www.topospius.de

Inhalt

Vorwort

Die vorliegende Publikation diente als Grundlage für einen gekürzten Beitrag zu „Laien in der Kirche“ im achten Band der Buchreihe „Geschichte des kirchlichen Lebens in den deutschsprachigen Ländern seit dem Ende des 18. Jahrhunderts“ (Freiburg-Basel-Wien 2008)). Der Herausgeber dieser Reihe, Prälat Professor Dr. Erwin Gatz, Rektor des Campo Santo Teutonico in Rom und Geschäftsführender Direktor des Römischen Instituts der Görres-Gesellschaft, hat uns angeregt, die längere und erweiterte Textfassung separat zu veröffentlichen.

Was die Darstellung der Frauen im Leben der katholischen Kirche anbelangt, kann eine solche hier nur im Überblick und anhand von Beispielen behandelt werden. In geografischer Hinsicht wurde vom deutschsprachigen Raum ausgegangen, sodass im Folgenden Deutschland, Österreich, die Schweiz und Luxemburg in den Blick genommen werden. Andere deutschsprachige Gebiete innerhalb und außerhalb Europas, darunter Missionslandschaften beziehungsweise Kolonien, konnten nicht berücksichtigt werden.

Bei der Begrenzung des Themas und wegen des vorgegebenen Umfangs dieser Publikation konnte auf einige Aspekte nur kurz eingegangen werden, die eigentlich eine längere Behandlung verdient gehabt hätten, so zum Beispiel die Zeit des Nationalsozialismus und das kirchliche Leben in der Deutschen Demokratischen Republik. Thematische Weiterungen in ökumenischer Perspektive müssen anderen Veröffentlichungen vorbehalten bleiben. Die ausgewählten Berufsfelder in der katholischen Kirche dürfen beanspruchen, zu den bedeutsamen zu gehören. Die Anmerkungen sind auf das Nötigste beschränkt worden; für die Zitierweise sind Kurztitel verwendet worden. Eine allgemeine Auswahlbibliografie ist beigegeben worden, weitere Quellen- und Literaturhinweise finden sich jeweils zu den einzelnen Kapiteln im Anhang.

Unser Dank gebührt der Steiermärkischen Landesregierung, Abteilung Wissenschaft und Forschung, und der Diözese Graz-Seckau dafür, dass sie die Drucklegung des Bandes mit finanziellen Zuschüssen ermöglichten. Dem Tyrolia-Verlag, insbesondere dem Lektor Dr. Maximilian Paulin, danken wir für die gute Zusammenarbeit, darüber hinaus Professor Dr. Herbert Messner (Graz) für die Unterstützung beim Korrekturlesen.

Graz und Paris, im Juni 2008
Michaela Sohn-Kronthaler und Andreas Sohn

1. Frauen in Religion und katholischer Kirche

Ein historischer Überblick bis zur Frühen Neuzeit

Das Weibliche hatte in der Jahrtausende alten Kultur- und Religionsgeschichte eine derartig schillernde Vielfältigkeit und symbolhafte Ausdrucksvarianz, dass sich stereotype Vereinfachungen verbieten. Mutterrechtliche und vaterrechtliche Gesellschaften, also die ethnosoziologischen Matriarchate und Patriarchate, unterschieden sich in ihren Geschlechterzuordnungen sehr stark und unterlagen keinesfalls denselben entwicklungsgenetischen Prägungen. Beispielsweise führten Schichtenzugehörigkeit, familiäre Zuordnungen und reale Machtkonzentrationen infolge von Amt und Geld dazu, dass die Rechte und Wirkungsmöglichkeiten von Frauen in den Kulturen und Religionen ganz verschieden waren und in ihrer gesellschaftlichen Bedeutung und Selbstständigkeit wesentlich variieren konnten.

Gleichwohl zeichnen sich einige allgemeine historische Entwicklungstendenzen ab, welche die Rolle(n) der Frauen von vorantiken Zeiten an in den Kulturräumen Europas, des mediterranen Afrika, des Vorderen und Mittleren Orients charakterisieren. Danach scheinen die religiösen Funktionen zumindest stark reduziert, was wohl mit der männlichen Dominanz in Kult und Politik einhergeht. Die Sicht auf die Frauen und auch diejenige von ihnen selbst dürfte gemeinhin auf die Mutterschaft und die religiös domestizierte weibliche Sexualität zentriert gewesen sein. Die so genannten Hochreligionen und die von ihnen getragenen Gesellschaften konnten indes Abweichungen von diesen Entwicklungstendenzen und somit individuelle Freiräume zulassen.

Schon das Judentum, so wie es im Alten Testament entgegentritt, kennt nicht nur eine patriarchalisch, von Königen, Richtern, Propheten und Priestern bestimmte Gesellschaft, sondern auch hervorragende weibliche Gestalten, ohne ihnen jedoch die Funktion einer Priesterin zuzugestehen. Zu nennen sind zum Beispiel die Prophetinnen Mirjam und Hulda – die erstere erschien mit Moses und Aaron an durchaus herausgehobener Stelle im Auszug Israels aus Ägypten, die letztere wirkte zur Zeit Jeremias –, die Richterin und Heerführerin Debora, die Königinnen Esther und Judit, denen es durch ihr Handeln gelang, ihr Volk zu retten.

Das Neue Testament eröffnet bereits Korrekturen am verbreiteten jüdischen Frauenbild. Jesus wandte sich in seinem Wirken und seinen Ansprachen beiden Geschlechtern zu, sah diese in ihrer schöpfungstheologischen Gleichwertigkeit und Würde sowie letztlich in ihrer Einheit, nahm sich sogar wiederholt Frauen nichtjüdischer Herkunft und zweifelhaften Rufes an. Hier zeigt sich zugleich eine Autorität und Freiheit, die jüdische Normvorstellungen in der Verkündigung des Reiches Gottes überschritt. In den Berichten der Evangelisten begegnen Frauen unter den Jüngern Jesu, in seiner engsten Umgebung und an erster Stelle bei zentralen Ereignissen wie der Kreuzigung, der Grablegung und des Ostermorgens. Keinesfalls darf das ehelose Leben Jesu als Indiz für eine mangelnde Wertschätzung der Frau gewertet werden. Paulus, die prägende Gestalt der frühchristlichen Missionszeit, fasst die gleichberechtigte Zuordnung von Frauen und Männern im angebrochenen Reich Gottes in die Worte: „Ihr alle, die ihr auf Christus getauft seid, habt Christus angezogen. Hier ist nicht Jude noch Grieche, nicht Sklave noch Freier, nicht männlich noch weiblich; denn ihr seid alle einer in Christus Jesus.“ (Gal 3,27f.)

Mit der schichtenübergreifenden Ausbreitung des Christentums im Mittelmeerraum wuchsen rasch die Gemeinden. Frauen, deren zahlenmäßiger Anteil schon im frühen Christentum beachtlich war, übernahmen wichtige Aufgaben in der Diakonie und der Gemeinde. Zu ihnen zählten – in der Forschungsliteratur immer wieder genannt – zum Beispiel Priska zusammen mit ihrem Ehemann Aquila in Korinth, Ephesus und später in Rom sowie Phöbe in Kenchreä, dem östlichen Hafen der achaischen Provinzhauptstadt Korinth. In der Spätantike, in der Zeit der Verfolgung, wurden Frauen – wie Männer – zu Bekennerinnen und Märtyrerinnen, so Thekla, die als erste Märtyrerin des Christentums gilt und zu deren Ehren am Grabort in Seleukia, dem heutigen Silifke in der Türkei, eine große Basilika errichtet wurde. Mit Kaiser Konstantin dem Großen († 337) wurde das Christentum im Römischen Reich nicht nur toleriert, sondern auch als Religion erlaubt und gefördert; unter Kaiser Theodosius I. dem Großen († 395) erfolgte die Erhebung des Christentums zur Staatsreligion. Bemerkenswerte weibliche Textzeugnisse stellen nach der so genannten Konstantinischen Wende Pilgerberichte dar, beispielsweise der früheste, in lateinischer Sprache von einer Frau namens Egeria verfasste, die von 381 bis 384 ins Heilige Land reiste.

Trotz der jesuanischen Verkündigung und Lebenspraxis sowie der beachtlichen Funktionen, die Frauen in biblischer und spätantiker Zeit inne hatten, haben sich die weiblichen Handlungsspielräume allmählich verengt, und Traditionsansätze beziehungsweise Traditionen sind schrittweise verschüttet worden. Dieser Prozess begann wohl schon im Zuge der Formierung der Ortskirchen rings um das Mittelmeer; die Einfügung der Gemeinden in eine klar vom Patriarchat dominierte Gesellschaftsordnung führte mit zu entsprechenden Anpassungen und Ausrichtungen ab dem frühen Christentum. Die neue gesellschaftliche Wirklichkeit spiegelt sich schon in den neutestamentlichen Pastoralbriefen, die an der Wende vom ersten zum zweiten Jahrhundert entstanden sind. Hier beruht die Entfaltung der Lehre von der Kirche, der Ekklesiologie, mit auf der patriarchalen Hausordnung.

Im Mittelalter ist das Frauenbild weitaus bunter, als gemeinhin angenommen wird, und im Übrigen beeinflusst von der Sicht der Mutter Jesu im Heilsplan Gottes und der sich ausbreitenden Marienverehrung, die zahlreiche Ausdrucksformen in Kunst, Architektur und Kultur hervorbringt. Die segensreiche und heilbringende Maria, mit im Zentrum der Volksfrömmigkeit stehend, wurde – so unter anderem bei Ambrosius († 397) und Augustinus († 430) und dann in nachfolgenden Jahrhunderten weiter rezipiert – der Sünderin Eva gegenübergestellt, die Unheil für die Menschheit mit sich gebracht hatte (mit Bezug auf Gen 3,6).

Im hohen Mittelalter vollzog sich die zunehmende Verrechtlichung der Kirche, wie besonders seit dem um 1140 entstandenen *Decretum Gratiani* zu verfolgen ist. Dieser Prozess stand unter dem Einfluss der sozio-kulturellen Situation und der theologischen, das heißt scholastischen Entwicklung, zumal an den Universitäten. Die an Gewicht gewinnende naturphilosophische Sicht der Schöpfungs- und Heilsordnung trug dazu bei, dass die Frau als „Mangelwesen" und *inferior* (untergeordnet) in ihrer Stellung gegenüber dem Mann beschrieben wurde, so zum Beispiel bei Thomas von Aquin († 1274), dem bedeutendsten mittelalterlichen Theologen, im ersten Buch seiner *Summa Theologica*, dessen Sichtweise bis ins 20. Jahrhundert hinein – auch aufgrund der 1879 erlassenen Enzyklika *Aeterni patris* von Papst Leo XIII. (1878–1903) – wirksam blieb. Rechtliche Unfähigkeiten betrafen demnach zum Beispiel die Liturgie, den Lehr- und Leitungsdienst; dies bedeutete unter anderem den Ausschluss von der Weihe und damit vom Diakonat, Presbyterat und Episkopat. Doch konnte ein höherer sozialer Status, wie eine adelige Herkunft, der Rang einer Königin oder Herzogin oder ein Eintritt in ein Kloster oder Stift es Frauen ermöglichen, größere Aufstiegs- und Gestaltungsmöglichkeiten zu erreichen, geistige und kulturelle Autonomie sowie Herrschaftsrechte zu erlangen. Dies galt insbesondere für Äbtissinnen, die mit Lehr- und einer fast bischofsähnlichen Jurisdiktionsgewalt (ohne Weihekompetenzen) ausgestattet sein konnten, so beispielsweise für die Vorsteherinnen der Konvente von Essen, Quedlinburg und Göss in der Steiermark. Ähnliches traf auf Äbtissinnen in Irland zu, das von einer dichten, blühenden Klosterlandschaft geprägt war. Unter den Frauen waren allgemein Jungfrauen und Witwen, *virgines et viduae*, herausgehoben, die jeweils einen eigenen christlichen Stand, *ordo*, bildeten. Diese Form weiblicher Heiligkeit, einhergehend mit der Abwertung der Geschlechtlichkeit beziehungsweise der Sexualität, fand ihre ausschmückenden Lobpreisungen in manchen hagiografischen Texten, darunter den Viten. Die entstehende städtische Gesellschaft brachte im Übrigen den Frauen – mehr als die bäuerliche – neue rechtliche und wirtschaftliche Möglichkeiten, unter anderem über das Bürgerrecht und den Handelserwerb. Insofern bot die mittelalterliche Gesellschaft Frauen durchaus unterschiedliche Handlungsspielräume der Teilhabe am kirchlichen, politischen, wirtschaftlichen und intellektuellen Leben, doch handelt es sich aufs Ganze gesehen um eine kleine Minderheit. Als Beispiele dazu vermögen Namen wie Héloïse († 1164), Hildegard von Bingen († 1179), Katharina von Siena († 1380) und Christine de Pisan († 1432) zu stehen.

Von Renaissance und Humanismus an erweiterten sich die Bildungsmöglichkeiten für Frauen. Thomas Morus († 1535) und Erasmus von Rotterdam († 1536) sprachen sich für eine gleichwertige Bildung von Mädchen und Jungen aus. Frauen, zumeist aus höheren sozialen Schichten, fanden sich nunmehr vermehrt in literarischen und künstlerischen Zirkeln zusammen und nahmen in einem größeren Maße am höfischen Leben teil. Auch begegnen einige von ihnen unter denen, welche die Geschicke eines Fürstentums oder eines Königreiches lenkten oder großen Einfluss hierauf ausübten, wie Elisabeth I. von England (1558–1603) oder Katharina von Medici, die 1547 durch die Heirat mit Heinrich II. Königin von Frankreich wurde und 1589 in Blois verstarb. Die Reformation – namentlich von Martin Luther (1483–1546) ausgehend – rückte vom weiblichen Idealbild der Nonne ab und setzte an deren Stelle die Ehefrau und Mutter. „Luthers eigene Frau, Katharina von Bora, kann hier als Paradigma gelten", wie die evangelische Kirchenhistorikerin Ingetraut Ludolphy hervorgehoben hat.[1]

Im weiteren Verlauf der Frühen Neuzeit konnte das weibliche Schicksal Bedrohungen ausgesetzt sein, wie beispielsweise durch die Hexenverfolgungen oder konfessionelle Konflikte, aber auch von Förderungen, wie durch die von August Hermann Francke 1695 bis 1702 gegründeten Schulen in Halle, und vom Entstehen einer kulturellen, auch das katholische Christentum erfassenden Hochblüte in Adel und Bürgertum gekennzeichnet sein. Dies zeigte sich an den „femmes savantes" (gelehrten Frauen) wie Marie de Sévigné (1626–1696) in den Pariser Salons oder an Freundschaftsbünden mit Lese- und Briefkultur wie im Kreis um die Fürstin Adelheid Amalia von Gallitzin (1748–1806) im westfälischen Münster. Einige im Deutschland des 18. Jahrhunderts entstandene Presseorgane beziehungsweise Zeitschriften wandten sich vorzugsweise an weibliche Leser. Doch galten all diese kulturellen und kommunikativen Aufbrüche bis hin zum Vorabend der Französischen Revolution nur für relativ kleine soziale Gruppen und veränderten nicht das Los oder die Rollenzuschreibung der großen Mehrheit der weiblichen Bevölkerung.

Zu Forschungsstand und methodischem Zugriff

Schon dieser historische Überblick bis in die Frühe Neuzeit legt die folgende grundsätzliche Frage nahe: Inwieweit erlaubt der Forschungsstand der theologischen und historischen sowie benachbarter wissenschaftlicher Disziplinen überhaupt tragfähige Aussagen zum Verhältnis von Frauen und Kirche – auch in der Zeitgeschichte? Auszugehen ist hierbei davon, dass die Geschichte des Katholizismus keineswegs hinreichend erforscht ist, was mitunter genaue und verallgemeinernde Angaben und Charakterisierungen erschwert. Wie die Bonner Kirchenhistorikerin Gisela Muschiol zu Recht betont,[2] muss dieses offensichtliche Forschungsdefizit behoben werden. Denn nur dann lässt sich die Partizipation des Katholizismus in seiner Breite und Vielgestaltigkeit am politischen, sozialen und karitativen Leben im deutschen Sprachraum überhaupt angemessen beschreiben.

Frauen haben das kirchliche und gesellschaftliche Leben seit der Spätantike weitaus stärker und vielfältiger geprägt, als es gemeinhin in der öffentlichen und veröffentlichten Meinung seit Jahrzehnten dargestellt wird. Dies ist auch dienlichen Sammlungen von Zeugnissen zu entnehmen, die von Frauen stammen und über Frauen Auskunft geben, wie beispielsweise den von Elisabeth Gössmann herausgegebenen Bänden im „Archiv für philosophie- und theologiegeschichtliche Frauenforschung" (ab 1984), den von Doris Brodbeck und Adriana Valerio besorgten Publikationen für die Schweiz und Italien. Zu Recht stellen der Mediävist Georges Duby und die Zeithistorikerin Michelle Perrot aus Frankreich in der von ihnen herausgegebenen, fünfbändigen „Geschichte der Frauen" fest: „Die Frauen sind lange im Schatten der Geschichte gelassen worden."[3] Zu lange, wie hinzuzufügen ist.

Es ist zu beachten, dass zahlreiche Formen weiblichen Engagements mit ganz unterschiedlichen Motivationen verbunden waren – und sind. So ist die Genese des karitativen beziehungsweise diakonischen Wirkens nicht nur in der Neuzeit zu einem bedeutenden Teil eine Geschichte von Frauen. Wenn es zu Fehleinschätzungen gekommen ist, nicht zuletzt in der wissenschaftlichen Forschung, mögen freilich teilweise lückenhafte Quellengrundlagen dazu beigetragen haben – auch infolge zumeist von Männern verfasster Geschichtswerke (Annalen, Chroniken, Viten usw.). Diese haben den Frauen und ihrem Handeln, insbesondere im alltäglichen Leben, oft wenig Interesse entgegengebracht. Insofern konnten tradierte, korrekturbedürftige wissenschaftliche Lehrmeinungen leicht entstehen. Frauen blieben häufig namenlos in der Geschichtsschreibung und begegnen hier nur am Rande als Mütter oder Ehefrauen, gegebenenfalls als Heilige oder Nonnen mit Leitungsfunktionen stärker in den Vordergrund der Darstellung gerückt. Es bedarf deshalb – trotz beachtlicher Fortschritte unseres Kenntnisstandes in den letzten Jahrzehnten infolge gehaltvoller Untersuchungen und Veröffentlichungen, die entsprechend zu würdigen sind – noch intensiver Quellenstudien, neuer editorischer und Forschungsanstrengungen, um die Kenntnisse über Frauen und ihr Leben in der Geschichte zu verbreitern und zu vertiefen, auch über die Zusammenhänge, in denen sie Opfer von Unterdrückung, Gewalt und Verfolgung geworden sind. So scheint es möglich zu sein, eine geschlechtsbezogene und zugleich geschlechterübergreifende historische Betrachtung zu gewinnen. Der alleinige Blick auf normative Quellentexte, sei es dogmatischer, sei es kirchenrechtlicher oder anderer Ausrichtung, kann – so wichtig entsprechende Einzelbeiträge sind – ihr Wirken in Kirche und Gesellschaft nicht ausreichend erhellen. Die Praxis christlichen Lebens geht über ein Geflecht von Regulierungen und

Ritualisierungen, auch Vergegenwärtigungen in Formen des Gedenkens, hinaus und benötigt ungeteilte wissenschaftliche Aufmerksamkeit. Neue thematische Herausforderungen ergeben sich überdies, wenn der Untersuchungsblick auf so bedeutende urbane Zentren wie Hauptstädte und Global Cities gerichtet wird.

Demgemäß stehen zum einen die Frauen- und Geschlechterforschung, zum anderen die Alltags- und Sozialgeschichte im Rahmen der Kirchengeschichte vor großen Herausforderungen. Wenn sich die kirchenhistorische Forschung dem „Volk Gottes" als Gegenstand ihrer Untersuchungen in Vergangenheit und Gegenwart zuwenden sowie den individuellen und kollektiven christlichen Lebensexistenzen umfassend Rechnung tragen will, stellen die Frauen einen besonderen thematischen Schwerpunkt dar. Wie in der profanen Geschichtswissenschaft sollten weiterführende wissenschaftliche Erkenntnisse über weibliche Wirkungs- und Lebensexistenzen aus der Verschränkung von sozial-, gesellschafts-, mentalitäts-, geschlechter-, kultur- und alltagsgeschichtlichen Fragestellungen im Sinne einer *histoire totale* gewonnen werden können. Die historisch-theologische, interkonfessionelle Frauenforschung sollte hierauf ausgerichtet sein, um die Defizite einer stark androzentrisch bestimmten Kirchengeschichtsschreibung zu überwinden, und so eine Antwort auf die Frage nach den Frauen als handelnden Subjekten der Geschichte des Christentums – und übrigens der Religionen schlechthin – im regionalen, nationalen und globalen Kontext beibringen können. So ließen sich Frauen auch als Impulsgeberinnen, Wegbereiterinnen und Künderinnen neuer Entwicklungen in der christlichen Welt herausstellen.[4] Dabei geht es selbstverständlich nicht um eine kirchenhistoriografische Schönfärberei im Nachhinein.

Gemessen an derartigen methodologischen und thematischen Schwerpunktorientierungen, womit überkommene

Rahmenvorstellungen traditioneller Forschungsaktivitäten der Kirchengeschichte überschritten werden, bedarf es – trotz beachtlicher einzelner Forschungsleistungen – noch großer Anstrengungen, um das Leben von Frauen in Kirche und Gesellschaft in den einzelnen historischen Epochen genauer zu erfassen. Die Feststellung des an der Universität Freiburg im Uechtland lehrenden Historikers Urs Altermatt, dass „für die Geschichte der katholischen Frauen … im Bereich der Sozial- und Mentalitätsgeschichte noch große Lücken bestehen“[5], gilt nicht nur für die Schweiz – und nicht nur für diesen wissenschaftlichen Bereich. Um wesentliche Fortschritte in der Forschung zu erreichen, ist der interdisziplinäre Austausch der Theologie und der Kirchengeschichte insbesondere mit der Profan- und Kunstgeschichte, der Archäologie, der Soziologie, den Politik- und Religionswissenschaften unerlässlich. Erst dann ließe sich das Thema „Frauen und Kirche“ – auch im deutschen Sprachraum – annähernd umfassend darstellen, und insofern stehen die nachfolgenden Darlegungen unter dem Signum des Vorläufigen. Im Übrigen wäre eine noch zu leistende Behandlung des Themas in ökumenischer Erweiterung wünschenswert.

2. Zu Frauen in Kirche und Gesellschaft des 19. Jahrhunderts

Mit der am 14. Juli 1789 begonnenen Französischen Revolution, in deren Zuge Frauen eine eigenständige Rolle beanspruchten und 1791 – zwei Jahre nach der Erklärung der Menschen- und Bürgerrechte – die „Déclaration des droits de la Femme et de la Citoyenne" („Erklärung der Rechte der Frau und Bürgerin") von Olympe de Gouges (1748–1793) verfasst wurde, und den von ihr ausgelösten gesellschaftlichen Umbrüchen und Gegenreaktionen in Europa war auch das Verhältnis von Staat und Kirche vielfältig betroffen. Weitaus stärker als in den vorangegangenen Epochen kam es im 19. Jahrhundert zu einer teilweisen oder mitunter weitreichenden Trennung der Aufgaben und Betätigungsfelder von Staat und Kirche. Diese Trennung konnte in den verschiedenen Teilen Europas recht unterschiedliche Formen annehmen. Die Säkularisierung und andere Entwicklungen führten dazu, dass sich die Herausbildung von Milieus in der Gesellschaft des 19. Jahrhunderts, insbesondere in der zweiten Hälfte, vollzog und gegebenenfalls beschleunigte. Für den deutschen beziehungsweise deutschsprachigen Katholizismus war es charakteristisch, dass sich ein „katholisches Milieu" formte und – auch durch den Kulturkampf bedingt – verfestigte. Hiermit ging der Aufbau verschiedener dichter Netzwerke einher, die sich organisatorisch in Vereinen und Verbänden ausprägten, politisch Gestalt in der klar konfessionell strukturierten Zentrumspartei fanden und medial in einer breit gefächerten Presse und einem expandierenden Verlagswesen niederschlugen. Diese Netzwerke stellten zugleich beachtliche Kohäsionskräfte und identitätsstärkende Integrationsklammern dar.

Hinsichtlich der gesellschaftlichen Wirklichkeit des 19. Jahrhunderts wäre es freilich verfehlt, wenn die Aufgabenteilung zwischen Staat und Kirche nach dem Interpretationsmuster – Wirtschaftliches für jenen, Soziales für diese – strikt vorgenommen würde. Dass sich die Kirche in ihren mannigfaltigen Gliedern seit altersher um sozial Schwache im weitesten Sinne kümmerte, braucht hier nicht eigens betont zu werden. Doch brachten es die Industrialisierung und die demografische Entwicklung mit sich, dass sich die Notlagen rasch vergrößerten und neue Antworten erforderten. Die allmähliche Herausbildung der katholischen Soziallehre, mit angeregt durch die Enzyklika *Rerum novarum* von Papst Leo XIII. 1891, und eines sehr differenzierten Vereinswesens gehörten sicherlich zu diesen Antworten, auch die neu gegründeten, rasch aufblühenden religiösen Frauenkongregationen. In der Außenwahrnehmung traten diese vergleichsweise stark hervor und mögen als das „weibliche Antlitz" der Kirche aufgefasst worden sein.

Dass die „Frauenfrage" im 19. Jahrhundert eine bis dahin unbekannte Brisanz entfalten sollte, hängt mit den Veränderungen der Arbeits- und Lebenswelt infolge weitreichender Industrialisierung und Verstädterung zusammen. Wahrgenommen wurde die „Frauenfrage" vor allem als soziales Problem, in kirchlichen Kreisen nicht minder als „sittliches" Problem. Die Herausforderungen, die in der vielfältigen „Frauenfrage" lagen, führten zum Entstehen einer „Frauenbewegung" im deutschen Sprachraum, wobei es seit den Anfängen eine Vielfalt von Formierungen gab. Inwiefern dieser Begriff inhaltlich zu füllen ist und mit ausgesprochen emanzipatorischen Zielrichtungen verbunden werden soll, zumal im christlichen Bereich, bleibt in der Diskussion. Welche „Frauenvereine" folglich im Einzelnen zur „Frauenbewegung" zu rechnen sind, wird daher in der Forschung unterschiedlich beantwortet.

Was die Frauen in Kirche und Gesellschaft des 19. Jahrhunderts generell anbelangt, hat die historisch-theologische Frauen- und Geschlechterforschung – und auch die allgemeine deutschsprachige Geschichtswissenschaft – die These der „Feminisierung der Religion (oder des Religiösen) im 19. Jahrhundert" aufgegriffen. Die italienische Historikerin Michela De Giorgio sieht den Katholizismus dieses Jahrhunderts sogar „im Zeichen des weiblichen Geschlechts".[6] Nach der schweizerischen Kirchenhistorikerin Doris Brodbeck wurden die Frauen „einerseits auf religiöse Werte verpflichtet und andererseits zusammen mit der Religion aus der Gesellschaft ausgeklammert".[7] Dies hatte ihrer Ansicht nach zur Folge: „Männer hingegen wurden so vom Glauben entbunden, damit sie den Anforderungen des Arbeitsmarktes ungehindert nachkommen konnten."[8] Jüngst hat der Trierer Kirchenhistoriker Bernhard Schneider freilich dafür plädiert, auf die universelle Gültigkeit der These der „Feminisierung der Religion im 19. Jahrhundert" zu verzichten, diese These in ihrer emanzipatorischen Zuspitzung nicht auf den deutschen Katholizismus zu übertragen und auch getrennt nach Konfessionen zu diskutieren, sowie die konkrete Verifizierung anhand von aussagefähigen Quellen und die Beschränkung auf Teilbereiche wie die kirchliche Caritas oder die religiöse Erziehung angemahnt. Jedenfalls lässt sich eine blühende, allseits prägende weibliche Frömmigkeit nicht einfach einem männlichen Unglauben und seinen (vermeintlichen) Manifestierungen gegenüberstellen – weder für das 19. noch für das 20. Jahrhundert. Unstrittig dürfte sein, dass das konkrete kirchliche Leben, wie es sich in einer Vielzahl von sozialen Vollzügen und Frömmigkeitsformen in Familie, Pfarrgemeinde und Vereinswesen darbot, von Frauen in einem beachtlichen, im Unterschied zu früheren Zeiten wohl stärkeren Ausmaß, aber keineswegs ausschließlich geprägt war. Und ebenso, dass das sich ausbildende und rasch wachsende, noch näher vorzustellende weibliche Verbandswesen konfessioneller Herkunft in dieser Form etwas Neues in der Kirchengeschichte darstellt.

3. Weibliches Vereins- und Verbandswesen

Von den Anfängen bis zum Ersten Weltkrieg

In Deutschland

Seit der Mitte des 19. Jahrhunderts begann sich das weibliche katholische Vereinswesen im deutschen Sprachraum zu entwickeln und eindrucksvolle Organisationen hervorzubringen. Aus einzelnen lokalen Initiativen entstanden – mit Bezug auf das karitative Wirken der heiligen Elisabeth von Thüringen (1207–1231) – Elisabethvereine, so der erste 1840 in der Bischofsstadt Trier, der sich armen Kranken widmete. Weitere Gründungen folgten in den nächsten Jahren, darunter in Augsburg und München. Letzterer wurde 1842 ebendort von acht adeligen Damen unter dem Präsidium von Leopoldine Fürstin zu Löwenstein gegründet. Der Verein unterstützte Not leidende Kranke und unterhielt Stationen für ambulante Krankenpflege, Krankenküchen und Kinderbewahranstalten. Mannigfaltige Formen karitativen Engagements in der Kirche, zumal in der französischen – hier verbunden zum Beispiel mit Namen wie Vinzenz von Paul (1581–1660), Louise von Marillac (1591–1660) und Antoine-Frédéric Ozanam (1813–1853), dem Gründer der Vinzenz-Konferenzen –, gingen diesen lokalen Vereinsinitiativen voraus.

Anfänge einer deutschen Frauenbewegung, die wesentlich von freireligiösen Vereinen und Dissidentinnen getragen war, sind schon in den vorrevolutionären 40er Jahren des 19. Jahrhunderts greifbar. Ehe es zu einem katholischen Gegenstück kam, sollte indes noch eine gewisse Zeit vergehen. Die Herausbildung eines sozialen Katholizismus nahm erste Gestalt mit den Vinzenzvereinen seit dem Jahre 1845 und mit den Katholikentagen ab dem Jahre 1848 in Mainz an.

Bedeutsamer als die Elisabethvereine für die Formierung eines breiten katholischen Frauenvereinswesens wurden die „Vereine christlicher Mütter", die auf Betreiben des Mainzer Bischofs Wilhelm Emmanuel von Ketteler (1850–1877) nach französischem Vorbild entstanden. Der erste deutsche Verein dieser Art bildete sich 1860 in seiner Bischofsstadt. Dabei unterstützte Gräfin Ida von Hahn-Hahn (1805–1880), eine aus Mecklenburg stammende Adelige, in tatkräftiger Weise den Oberhirten. Im nordfranzösischen Lille war bereits im Jahre 1850 ein solcher Verein ins Leben gerufen worden. Nach der Mainzer Gründung kam es besonders in Bayern zu weiteren Gründungen, dann nahezu allenthalben in Deutschland. So überzog innerhalb weniger Jahrzehnte ein dichtes Netz von Müttervereinen weite Teile des Landes.

Wilhelm Emmanuel von Ketteler, der adelige Oberhirte aus Westfalen, der sozialen und pastoralen Herausforderungen seiner Zeit aufgeschlossen gegenüberstand, was ihm unter anderem die Charakterisierung als „Arbeiter-Bischof" eintragen sollte, vermittelte den Müttervereinen als eine bleibende Zielsetzung, auf der Basis des Glaubens für das Familienleben zu wirken. Dieses war gefährdet durch die gesellschaftlichen Umbrüche infolge der Industrialisierung, durch vielfältige wirtschaftliche, soziale und auch spirituelle Notlagen. Den jungen Müttern sollten vor allem Hilfen bei der Kinderpflege und -erziehung gewährt werden. Der Akzent wurde somit auf sozialkaritative Maßnahmen, nicht auf ein allgemein politisches oder frauenspezifisches Reformprogramm gelegt. Familienbildung und -beratung sollten zu einem bleibenden Charakteristikum der konfessionellen Frauenvereine werden. Die Müttervereine, die in der Regel ein intensives Glaubensleben prägte, waren mit ihrer spirituellen und karitativen Arbeit in den Pfarrgemeinden verankert. Dem jeweiligen Pfarrer fiel gewöhnlich die Funktion des Vorstehers oder Leiters – Präses genannt – zu, den ein Rat von

Frauen unterstützte. Künftig bildeten die Müttervereine einen starken Pfeiler des katholischen Frauenverbandswesens in Deutschland, dazu den mit Abstand mitgliederstärksten. Dieses war eingebettet in die Entwicklung der katholischen Laienorganisationen im wilhelminischen Kaiserreich.

Einen weiteren Pfeiler der weiblichen konfessionellen Organisationen – von nicht wenigen Autorinnen als die eigentliche (oder führende) Frauenbewegung im deutschen Katholizismus aufgefasst – stellte der „Katholische Frauenbund" (KFB) dar, der als Dachverband katholischer Frauenverbände und auch als Personalverband in Köln 1903 gegründet wurde. Bezeichnenderweise geschah dies Jahrzehnte nach dem 1865 in Leipzig entstandenen „Allgemeinen Deutschen Frauenverein" und Jahre nach der 1894 erfolgten Konstituierung des „Bundes Deutscher Frauenvereine". Überlegungen, den Katholischen Frauenbund an den sechs Jahre zuvor entstandenen Deutschen Caritasverband anzuschließen, waren verworfen worden. Die Gründung in der rheinischen Großstadt, allgemein vom Wohlwollen des deutschen Episkopats, jedoch vom Missfallen des Kölner Kardinalerzbischofs Antonius Fischer (1903–1912) begleitet, ging über die bisherigen Organisationsformen des weiblichen Katholizismus hinaus, weil sie standesübergreifend konzipiert war und auf den theoretischen Einschluss sämtlicher Katholikinnen zielte. Die Aufteilung verheirateter Frauen in Müttervereinen und Unverheirateter in Jungfrauenvereinen sowie Erwerbstätiger in berufsständischen Vereinen sollte überwunden werden. Insofern lässt sich eine Parallele zum 1890 gegründeten „Volksverein für das katholische Deutschland" – als „Gesamtorganisation katholischer Männer" – ziehen. In der Tat waren dem organisatorischen Neubeginn des Jahres 1903 viele Standes- und Berufsvereine vorausgegangen, darunter der Verein katholischer (gewöhnlich unverheirateter) Lehrerinnen, der 1885 unter maßgeblicher Beteiligung von Pauline Herber (1852–1921) ins Leben gerufen worden war.

Im Jahre 1912 lag die Mitgliederzahl des Katholischen Frauenbundes – sein Name sollte später mehrmals wechseln – bei 40.000, 1918 bei 110.000, stieg 1922 auf 230.000 an und erreichte damit den Höchststand in der Weimarer Republik. Die Aufwärtsentwicklung beruhte unter anderem auf einer voranschreitenden Integration anderer katholischer Frauenvereine und einem wachsenden Wohlwollen seitens der kirchlichen Hierarchie mit deren Eintreten für diese konfessionelle Großorganisation. Entsprechend dem kirchlichen Sozialmilieu war diese schichtenübergreifend zusammengesetzt. Besonders Hausfrauen waren in ihr organisiert, da erwerbstätige Frauen hauptsächlich in den für sie eingerichteten kirchlichen Standesvereinen engagiert waren. Frauen in Bildungsberufen stellten sowieso nur eine schmale Minderheit dar. Die Geschicke des Frauenbundes lagen in den Händen der Ersten Vorsitzenden Emilie Hopmann (1845–1926) und der Zweiten Vorsitzenden Minna Bachem-Sieger (1870–1939), die sich unter anderem der Studienkommission für wissenschaftliche Bestrebungen einschließlich der Mädchenbildung und des Hochschulstudiums annahm; ein Geistlicher Beirat sollte beratend und spirituell bestärkend mitwirken. Satzungsgemäß sollte ein von der Vollversammlung gewählter Ausschuss von 60 Mitgliedern die Leitung des Bundes bestimmen. Dem selbstbewussten Aufbruch der neuen weiblichen Organisation entsprach es im Übrigen, dass auf der ersten Generalversammlung in Frankfurt im November 1904 nicht – wie damals in katholischen Frauenkreisen üblich – ein Mann oder ein Geistlicher als Vertreter eines Bischofs die erste Begrüßungsansprache hielt, sondern eine Frau, nämlich Clara Kreuzberg in Vertretung der Frauen der Mainstadt.

Interessanterweise entstand fast gleichzeitig in den beiden größten christlichen Konfessionen des wilhelminischen

Kaiserreiches eine zentrale weibliche Organisation. Im Jahre 1899 wurde der „Deutsch-Evangelische Frauenbund" (DEF) ins Leben gerufen. Die protestantisch-rechtskonservative Deutschnationale Volkspartei unterstützte das Entstehen der verbandlichen Organisation. Das Pendant in der katholischen Kirche, vier Jahre später wie erwähnt gegründet, war noch stärker von Abwehr und Konkurrenzfurcht gegenüber liberalen und sozialistischen Emanzipationstendenzen bestimmt und erfuhr seit den Anfängen den prägenden Einfluss des Zentrums. Die beiden großen konfessionellen Organisationen bildeten somit ein deutliches „Gegengewicht zu dem liberal geprägten Bund Deutscher Frauenvereine und der Arbeiterinnenbewegung".[9] Doch sind hierbei auch die anderen zahlreichen katholischen Frauenvereine zu beachten.

Die Säkularisierung und Dechristianisierung partieller gesellschaftlicher Großgruppen, wie beispielsweise der Arbeiterschaft und des Bürgertums, und industriell-urbaner Räume förderten in dialektischer Weise fortbestehende sozialkirchliche Milieustrukturen, aus denen auch die Stärke der katholischen Frauenorganisationen erwuchs. Die Stellung des Katholizismus als Minderheit im wilhelminischen Kaiserreich festigte die innere Kohäsionskraft der Konfession und damit auch ihres vielfältigen Verbandswesens.

Die überkommene gesellschaftliche Ordnung, welche den Geschlechtern ihren unverwechselbaren Platz zuwies und durch ein Geflecht christlicher Normen und Mentalitätsvorstellungen verfestigt wurde, stellte die konfessionelle Frauenbewegung weder vor noch um die Jahrhundertwende infrage. Emanzipatorische Motive, welche im säkularen Feminismus dominierten, spielten bei den katholischen Verbandsgründungen keine nennenswerte Rolle. Folglich wurde kein Konzept mit allgemeinen politischen und sozialen Emanzipationsforderungen, wie sie die liberale und sozialistische Frauenbewegung erhob, entwickelt. Nicht nur in diesen Kreisen machte schon bald das Wort von „Kinder – Küche – Kirche“ („die drei Ks“) die Runde.

Ein systematisches Nachdenken über „die Frauenfrage“ fand in den katholischen Frauenorganisationen allenfalls in wenigen Zirkeln beziehungsweise in kleinen Leitungsgruppen statt. Im Allgemeinen ging es darum, den Frauen-fragen mit umfassenden Hilfsangeboten zu begegnen. Daher war es eher die Ausnahme als die Regel und in gewissem Sinne ein Zufall, dass dem Katholischen Deutschen Frauenbund in der Sozialwissenschaftlerin Elisabeth Gnauck-Kühne (1850–1917), die aus dem gehobenen Bürgertum stammte, eine Vordenkerin erwuchs. Diese hatte bei Gustav von Schmoller Nationalökonomie und Sozialwissenschaften in Berlin studiert, zunächst privat, dann 1895 als erste deutsche Frau mit ministerieller Sondererlaubnis. Bemerkenswert war schon ihre Streitschrift „Das Universitätsstudium der Frauen“ aus dem Jahre 1891, die den Frauen damit die Zulassung ebnen sollte. Die Lehrerin, deren Ehe scheiterte, fand in der konfessionellen Frauenbewegung ihr Hauptbetätigungsfeld. Sie rief 1894 die evangelisch-soziale Frauengruppe ins Leben und hielt ein Jahr später auf dem öffentlichen evangelisch-sozialen Kongress in Erfurt einen beachtenswerten Vortrag über „Die soziale Lage der Frau“. Ihren Bemühungen ist es mit zu verdanken, dass 1899 der schon erwähnte Deutsch-Evangelische Frauenbund gegründet wurde. Als sie ein Jahr später in Mautern in der Steiermark zur katholischen Kirche übertrat, kam sie schnell mit dem anderen Teil der konfessionellen Frauenbewegung in engeren Kontakt. Bereits auf der ersten Generalversammlung des Katholischen Frauenbundes 1904 hielt sie ein programmatisches Grundsatzreferat. Sie warb darum, engagierte Nächstenliebe mit einer umfassenden Fort- und Weiterbildung in der kirchlichen Sozialarbeit zu verbinden, und wies den Weg zu deren Professionalisierung in der Zukunft. Der weiteren programmatischen Arbeit des Verbandes wandte sie sich mit Einsatzfreude zu, ohne im Frauenbund eine führende Verbandsfunktion zu übernehmen.

Mit mehr als 100 Schriften und größeren Aufsätzen, wie z. B. „Die deutsche Frau um die Jahrhundertwende" (1904) und „Einführung in die Arbeiterinnenfrage" (1905), avancierte sie zu einer gesellschaftspolitischen Vordenkerin und zur ersten deutschen Sozialpolitikerin christlicher Provenienz.

In Österreich

Die in der zweiten Hälfte des 19. Jahrhunderts in Österreich gebildeten Frauenvereine wiesen eine ähnliche Vielfalt wie in Deutschland auf. Diese wurden maßgeblich von Frauen (mit)initiiert, die weitgehend aus dem Bürgertum und Adel stammten. Neben Ordensleuten waren es immer häufiger Laien, die sich ab der Mitte des 19. Jahrhunderts in Vereinen – und zunächst überwiegend in Frauenvereinen – auf dem Gebiet der Caritas und Fürsorge engagierten und die sozialen Nöte zu lindern versuchten. Die Verfassung vom April 1848 machte die freie Vereinsbildung, das Petitions- und Versammlungsrecht möglich, was die Kirche im Sinne eigener Gestaltungsmöglichkeiten zu nutzen verstand. So konnte die Enge des Josephinismus überwunden werden. Die neuen katholischen Frauenvereine wurden zu zentralen Akteuren der Wohltätigkeit und der Caritas.

In der Hauptstadt der Habsburgermonarchie konstituierte sich gegen Ende des Revolutionsjahres 1848 mit dem „Frauenwohltätigkeitsverein in Wien und Umgebung" der bedeutendste sozialkaritative Frauenverein, der sich dank der Unterstützung durch den niederen Klerus und den „Katholikenverein" rasch ausbreitete und auch mehrere Stiftungen ins Leben rief. Er beteiligte sich auf allen Gebieten der Caritas, besonders hervorzuheben sind die Armen-, Kinder-, Jugend- und Verwundetenfürsorge. Eine „Säuglings- und Kinderbewahranstalt“ entstand bereits 1849. In der Zeit von 1849 bis 1913 wurde mehr als eine halbe Million Bedürftiger unterstützt. 1848 wurde auch in Graz ein „Katholischer Frauenverein der werktätigen christlichen Liebe“ mit dem Ziel gegründet, sich um Bedürftige „ohne Unterschied der Religion und des Geschlechts“ in der Steiermark zu kümmern, wie es im Statut heißt. Dieser Verein errichtete 1871 ein „Dienstmädchenasyl“, welches den weiblichen Dienstboten während der Zeit ihrer Arbeitslosigkeit Aufenthalt, Verpflegung und Weiterbildung bot, und außerdem ein „Mädchenschutzhaus“ in Graz. Der 1850 dort gegründete „Wohltätigkeits- und Bildungsverein von Frauen aller christlichen Konfessionen“ – so sein Name – war in der Steiermark der erste ökumenisch (!) ausgerichtete Frauenverein, der hilfsbedürftige Familien gleich welcher Konfession unterstützen sollte.

In Wien waren auf dem Gebiet der Armen-, Waisen-, Kranken- und Altenfürsorge des Weiteren der „Maria-Elisabethen-Verein“ (1854), das weibliche Pendant des „Vinzenzvereines“, sowie der „Mater admirabilis-Verein“ (1872) tätig. Der 1877 errichtete Katholische Waisenhilfsverein unterhielt sechs Waisenanstalten und umfasste nach 10-jährigem Bestehen über 10.000 unterstützende Mitglieder.

Nach dem Vorbild der Mainzer Gründung entstand 1864 der erste christliche Mütterverein in der Donaumetropole. Als Andachtsverein konstituiert, schrieb er die „Standespflichten“ einer christlichen Frau und Mutter vor und wandte sich gegen Säkularisierungstendenzen des Familienlebens. Er sollte zur Hebung des sittlich-religiösen Lebens in den Pfarren beitragen und auch karitativ tätig sein. Jungfrauen- und Hausmüttervereine sind in der Steiermark schon Mitte des 19. Jahrhunderts nachzuweisen, so in St. Peter bei Graz. Im Bistum Seckau waren im Jahr 1896 insgesamt etwa 17.200 unverheiratete Frauen in Jungfrauenvereinen sowie rund 15.500 Frauen in Hausmüttervereinen organisiert.

Der „Christliche Wiener Frauenbund“ (gegründet 1897) verfolgte die „Verbreitung christlicher Grundsätze in der Familie und die Unterstützung des christlichen Gewerbestandes“.[10] Auch in Nieder- und Oberösterreich, Salzburg, Kärnten, Tirol, Slowenien, Mähren und Tschechien entstanden katholische Frauenvereine, die sich zu gesellschaftspolitischen Fragen mit christlichsozialen Bezügen äußerten.

Neue sozialkaritative Akzente setzten seit Ende des 19. Jahrhunderts Vereine, die sich der Arbeiterinnen, Dienstboten und Kinder aus Arbeiterfamilien annahmen. Schon in den 1870er Jahren errichtete der Maria-Elisabethen-Verein Arbeiterwohnhäuser. Die harten Lebens- und Arbeitsbedingungen waren Anstoß für den vom Wiener Seelsorger Adam Latschka (1847–1905) gegründeten „Verein katholischer Arbeiterinnen“ (1893) und das von Gräfin Melanie Zichy-Metternich (1832–1919) errichtete „Werk des Heiligen Philipp Neri“ (1894). Deren Leitung lag in den Händen von Frauen und bischöflichen Beauftragten. 1907 gelang die Vernetzung der bestehenden kirchlichen Vereinsinitiativen im „Verband katholischer Arbeiterinnenvereine“, um dem sozialdemokratischen Pendant entgegenzuwirken; seit April 1914 erschien das „Arbeiterinnen-Blatt“. Die aus bescheidenen Verhältnissen stammende Südsteirerin Johanna Weiß (1874–1932) rief in einer Zeit, in der die Angestellten im hauswirtschaftlichen Beruf (Dienstbotinnen, auch „Hausgehilfinnen“) – die größte Schicht weiblicher Berufstätiger – ohne Arbeitsschutz und rechtliche Absicherung dastanden, mit Hilfe der Katholischen Frauenorganisation für Niederösterreich und Wien den österreichweiten „Verband christlicher Hausgehilfinnen“ (heute „Berufsverband christlicher Arbeitnehmer im hauswirtschaftlichen Dienst“) ins Leben. Damals war diese Gründung des Jahres 1909 in katholischen Kreisen nicht für alle nachvollziehbar, zumal man noch sehr stark am alten System der Patronagen hing, einer Form von freiwilligen Fürsorgeorganisationen durch vornehmlich adelige und bürgerliche Frauen. Mit der späteren Einführung eines Dienstvertrages sicherte Johanna Weiß den Arbeitnehmerinnen wichtige Rechte, die auch gesetzlichen Niederschlag fanden. Unter anderem entstanden österreichweit Heime für pensionierte Hausgehilfinnen. Bedeutsam wurde ferner das Handeln der Konvertitin Dr. Hildegard Burjan (1883–1933), die als eine der ersten Katholikinnen zu Beginn des Ersten Weltkrieges die Position eines „Rechtes der Frauen auf Erwerbsarbeit" vertrat und selbst mehrere Vereine für christliche Arbeiterinnen gründete, darunter 1912 einen eigenen für die Heimarbeiterinnen. Sie selbst leitete den von ihr 1917 ins Leben gerufenen „Reichsverband katholischer Arbeiterfrauen".

Weder die Vereine der Katholikinnen noch diejenigen der sozialdemokratischen Arbeiterinnen schlossen sich dem 1902 von Marianne Hainisch (1839–1936) gegründeten „Bund österreichischer Frauenvereine" an. Wie im wilhelminischen Kaiserreich kam es in der Habsburgermonarchie dazu, dass sich später als im liberalen Bürgertum und in den Reihen der Sozialdemokratinnen eine weibliche katholische Bewegung als explizit deutschsprachige Organisation entwickelte, nämlich der „Dachverband der Katholischen Reichsfrauenorganisation Österreichs" (KRFOÖ) im Jahr 1907 in Wien, wobei keineswegs alle konfessionellen Vereine einbezogen werden konnten. Die erste Landesorganisation war schon 1906 in der Steiermark von Helene Reichsgräfin zu Waldstein-Wartenberg (1836–1916) ins Leben gerufen worden. 1907 entstand die Katholische Frauenorganisation für Niederösterreich (KFO) und Wien. Landesorganisationen folgten 1908 für Salzburg, 1909 für Tirol und 1914 für Oberösterreich.

Interessanterweise wurde noch während der Ersten Republik, welche die Monarchie nach dem Ersten Weltkrieg ablöste, die Bezeichnung „*Reichs*frauenorganisation" – bis 1938 – beibehalten. Vom Katholischen Frauenbund in

Deutschland unterschied sich die KRFOÖ in einer Hinsicht erheblich: Der Kreis der Gründerinnen war in Österreich von Adeligen und geadelten Bürgerinnen sowie bischöflich ernannten Beratern wesentlich geprägt. Dies trifft auch auf diejenigen zu, welche die Zentralisierung auf Diözesanebene betrieben. So war es nahezu selbstverständlich, dass die Leitung des Dachverbandes in den Händen einer Hochadeligen lag: von Melanie Gräfin Zichy-Metternich, einer Tochter des Staatskanzlers Fürst Klemens Metternich aus dritter Ehe. 1919 folgte ihr die Nichte Klementine Prinzessin Metternich-Sándor (1870–1963) an der Spitze des Verbandes, dann 1925 Fürstin Fanny von Starhemberg (1875–1943).

Mit dem Ersten Allgemeinen Katholischen Frauentag 1910 in Wien betrat die Katholische Reichsfrauenorganisation Österreichs gewissermaßen offiziell die Bühne der Frauenbewegung, bezog Stellung zur sozialen Frage und zur „Frauenfrage", indem sie ein Bekenntnis der „Erziehung der Frauen zur Mütterlichkeit" ablegte. Als gemeinsame Tätigkeitsschwerpunkte wurden die Jugendfürsorge, die Erziehung von jungen Frauen zur sozialen Arbeit, die Verbreitung der katholischen Presse, der „Kampf gegen Unsittlichkeit" in Literatur, Kunst und Mode ins Auge gefasst. Als Ziele des Dachverbandes wurden im Sinne der Glaubensverteidigung und Glaubensverbreitung die „Förderung der katholischen Sache auf allen Gebieten, die den Frauen zugänglich sind, die Sammlung der katholischen Frauen und Mädchen zu gemeinsamem Kampfe gegen die Feinde der Kirche und des Vaterlandes, die soziale Schulung" festgelegt.[11] Für das Wachstum und die Weiterentwicklung der katholischen Frauenorganisationen war des Weiteren der Zweite Allgemeine Frauentag 1914 in Wien von großer Bedeutung. Im Vordergrund stand hierbei die Mitarbeit der Frauen an der Lösung der sozialen Frage, so vornehmlich im Blick auf die Arbeiterinnen und Dienstbotinnen. Hierin wurde neben der

Familie ein weiteres wichtiges Betätigungsfeld der katholischen Frauenbewegung gesehen. Die Katholikinnenorganisation forderte Schutzmaßnahmen für erwerbstätige Frauen sowie für Mütter, wie ein vierwöchiges Arbeitsverbot vor und nach der Geburt bei gleichzeitiger Bezahlung von Krankengeld, die Schaffung von Mütterberatungsstellen und Mutterschaftsversicherungen, gesetzlich geregelte Stillkrippen für Fabriksarbeiterinnen und die Einführung des Berufes der Kinderfürsorgerin.[12] Auf dem vierten Delegiertentag der katholischen Frauen 1917 in Wien standen die Arbeiterinnenfrage und die Frauenerwerbstätigkeit im Mittelpunkt. Dass ein eigenes Periodikum, die „Österreichische Frauenwelt. Monatsschrift für die gebildete Frau", geschaffen wurde, war ein Ergebnis des Ersten Allgemeinen Katholischen Frauentages von 1910.[13] Die von der KRFOÖ herausgegebene Publikation erschien in Wien von 1911 bis 1914 und dann wieder von 1916 bis 1919. Die Veränderungen, welche der Erste Weltkrieg bezüglich des weiblichen Katholizismus in Österreich bewirken sollte, gingen freilich weit über das Schrifttum des konfessionellen Verbandswesens hinaus.

In der Schweiz

Ehe der Erste Weltkrieg ausbrach, bildete sich in der Schweiz ebenso wie in Deutschland und Österreich eine konfessionelle Frauenbewegung aus. Dieser waren bürgerlich geprägte Gründungen, nämlich des „Schweizerischen gemeinnützigen Frauenvereines" (SGFV) und des „Bundes Schweizerischer Frauenvereine" (BSF), vorausgegangen.[14] Vor der Jahrhundertwende entstanden bereits der „Verein Schweizerischer Katholischer Lehrerinnen" (1891), ein katholischer „Mädchenschutzverein" (1896) und ein „Arbeiterinnenverein" (1899). Müttervereine waren zuvor schon – in der Mitte der 70er Jahre des 19. Jahrhunderts – ins Leben gerufen worden. Im 1857 gegründeten „Piusverein" waren sowohl Männer als auch Frauen organisiert. Ein publizistisches Sprachrohr gewannen die Katholikinnen mit der 1900 gegründeten „Schweizer Katholischen Frauenzeitung". Allerdings vergingen noch einige Jahre, ehe ein Dachverband die bestehenden Frauenvereine unter Einschluss der Müttervereine und mit Ausnahme der christlichsozialen Arbeiterinnenvereine zusammenfasste. Ein erster Gründungsversuch einer Sammlungsbewegung von Katholikinnen ging 1905 vom ein Jahr zuvor konstituierten „Schweizerischen Katholischen Volksverein", dem ausschließlich Männer angehörten, aus, doch scheiterte diese Initiative.

Sieben Jahre später verliefen die Bemühungen erfolgversprechender. Am 21. Mai 1912 wurde der „Schweizerische Katholische Frauenbund" (SKF) als selbstständiger Verein in Luzern gegründet, der sich nach und nach in alle Kantone ausdehnte. Gegen Ende des Jahres umfasste der Frauenbund schon 195 Vereine mit insgesamt 40.500 Mitgliedern. Dazu zählten neben dem Mädchenschutzverein und dem Lehrerinnenverein viele lokale Mütter- und Elisabeth(en)vereine sowie andere sozialkaritative Organisationen. Da der Episkopat der Eidgenossenschaft die katholischen Frauen- und Müttervereine dazu anhielt, überkonfessionellen Zusammenschlüssen fernzubleiben, traten die katholischen Mitglieder aus dem Bund Schweizerischer Frauenvereine aus. Der erste Schweizerische katholische Frauentag fand in Einsiedeln statt und wurde am 21. und 22. September 1912 abgehalten. 7.000 Frauen nahmen daran teil und sorgten damit zugleich für eine eindrucksvolle Demonstration der Organisationskraft des neuen weiblichen Verbandes. Auch deswegen stellt die Neugründung eine Zäsur in der Geschichte der schweizerischen Katholikinnen dar. Der Historiker Urs Altermatt unterstreicht die Bedeutung, wenn er auf die „doppelte Randstellung der katholischen Frauen" in der Eidgenossenschaft hinweist: „Einerseits waren sie Teil einer männlich dominierten katholischen Sondergesellschaft, die ihrerseits wiederum eine Minderheitsstellung im gesellschaftlichen und politischen System der Schweiz einnahm."[15] Es ist für die erstgenannte Randstellung bezeichnend, dass katholische Frauen zu den gesamtschweizerischen Katholikentagen, die seit 1903 stattfanden, nicht offiziell eingeladen waren. Erstmals war dies bei dem letzten Ereignis dieser Art 1954 in Freiburg im Uechtland der Fall. Hingegen war es den katholischen Frauen in Österreich seit dem VI. Allgemeinen Katholikentag des Jahres 1907 möglich, an den Nebenversammlungen teilzunehmen.

Der Schweizerische Katholische Frauenbund war ein autonomer Dachverband mit Sitz in Luzern. Er grenzte sich von den nichtkonfessionellen, aber protestantisch geprägten Frauenverbänden deutlich ab und suchte das katholische Leben in Familie, Pfarrgemeinde und Gesellschaft nach Kräften zu fördern. Näheren Aufschluss über den zukünftigen programmatischen Kurs gab bereits das Begrüßungswort, welches die erste Präsidentin Emilie Gutzwiller-Meyer (1868–1929), die aus einer vermögenden Basler Kaufmannsfamilie stammte, auf dem ersten Schweizerischen katholischen Frauentag in Einsiedeln sprach: „Nicht Emanzipationsgelüste sind's, die uns hinausführen und sammeln …"[16] Im Unterschied zu den säkularen Frauenorganisationen hob sie hervor, „dass es der katholischen Frau erste und heiligste Pflicht sei, der Überzeugung ihrer religiösen und sittlichen Anschauungen in dieser mächtigen Bewegung Geltung zu verschaffen".[17] Als Verbandsaufgabe sah sie „ernstes Studium auf religiösem, sozialem, charitativem und wissenschaftlichem Gebiete".[18] Es war nicht zuletzt dieser tatkräftigen, neun Jahre amtierenden Präsidentin, die mit einem Bankier verheiratet und Mutter von fünf Kindern war, zu verdanken, dass mehrere Frauenschulen, Erholungs- und Fürsorgeheime in der Schweiz entstanden. Zum Beispiel wurde im Jahre

1918 die „Sozial-charitative Frauenschule Luzern" errichtet, was eine Pionierleistung für die weibliche Bildung darstellte. Die Gründung wurde in ideeller und finanzieller Hinsicht von den „Lehrschwestern vom Heiligen Kreuz", den Menzinger Schwestern (Kanton Zug), unterstützt. Die Leitung der Schule lag bis 1930 in den Händen von Maria Crönlein (1883–1943) aus Altdorf, die an der Gründung maßgeblich beteiligt war und von 1919 bis 1925 dem Schweizerischen Katholischen Frauenbund als Generalsekretärin diente. Ziele der Schule waren die „Vorbereitung für soziale Berufsarbeit mit besonderer Berücksichtigung der Pfarreihilfe und Vermittlung einer zeitgemässen Ausbildung."[19] Dabei wurde die soziale Arbeit als Dienst am Gemeinwohl und als Ausdruck solidarischen Handelns christlicher Nächstenliebe verstanden. Es sei hinzugefügt, dass die Schule 1960 vom Verband unabhängig und deren Besuch für Männer und Angehörige anderer Konfessionen möglich wurde; daraus entstand im Übrigen die Hochschule für Soziale Arbeit Luzern.

Der Schweizerische Katholische Frauenbund, der über einen Leitungsausschuss, ein Sekretariat, ein Zentralkomitee, eine Delegierten- und Generalversammlung verfügte, gliederte sich in mehrere Fach- beziehungsweise Studienkommissionen. Deren Schwerpunkte waren Religion, Sittlichkeit, Hauswirtschaft, Kranken- und Säuglingspflege, Jugendschutz, Recht, Fürsorge, Berufsberatung und -bildung sowie soziale Ausbildung. Die Schulungen im hauswirtschaftlichen und pflegerischen Bereich sollten die Frauen befähigen, ihren häuslichen Aufgaben besser nachkommen und zum Wohle der Familien wirken zu können. Die Kinder-, Jugend- und Krankenfürsorge galt als eine vorrangig zu bewältigende Herausforderung. Das soziale und karitative Profil, welches der Verband vor dem Ersten Weltkrieg gewann, prägte auch seine weitere Entwicklung in den nachfolgenden Jahrzehnten. Das katholische Vereinswesen beruhte fortan auf zwei mitgliederstarken, gesamtschweizerischen, nach Geschlechtszugehörigkeit formierten Organisationen: dem Volksverein und dem Frauenbund.

In Luxemburg

Der 1906 ins Leben gerufene „Luxemburger Katholische Frauenbund" umfasste eine Reihe von Organisationen, die im Laufe des 19. Jahrhunderts entstanden sind, wie den „Damen-Wohltätigkeitsverein" (1844), den „Marienverein" (1846), das Werk der „Jeunes Economes" (1850), die „Neumannsche Haushaltungsschule für die weibliche Jugend", den „Verein für christliche Dienstmädchen" (1872), die Sonntagsschulen (1882), den „Verein der Geschäftsgehilfinnen" (1899) und den Kinderhort. Die Initiative zur Verbandsgründung ging von Dompfarrer Friedrich Lech aus. Schwerpunkte der Verbandsarbeit waren religiöse und sozialkaritative Themen beziehungsweise Aktivitäten; ein besonderer Stellenwert wurde der Weiterbildung zuerkannt. Unter anderem wurden ein Mädchenschutzverein und eine „Volksküche" für die Ärmsten in der Hauptstadt gegründet. Das verbandseigene Informationsorgan „Mitteilungen" und ein „Jahrbuch" berichteten über das Wirken und die Leistungen des Frauenbundes.

Die Zwischenkriegszeit

In Deutschland

Über das Ende des Ersten Weltkrieges hinaus bewahrte sich der weibliche Katholizismus eine eindrucksvolle Breitenwirkung in der Gesellschaft. Für die konfessionelle Frauenbewegung in Deutschland war es auch in den Jahren der Weimarer Republik charakteristisch, dass sie in einer großen Nähe zu einer politischen Referenzpartei – hier das Zentrum, dort die Deutschnationale Volkspartei – stand und sich auf religiöse Lebensvollzüge, sozial- und bildungspolitische Zielsetzungen ausrichtete. Obwohl eine emanzipatorische Programmatik weiterhin fehlte, kamen das gesellschaftliche Engagement und das Wirken im kirchlichen, vorpolitischen Raum den Frauen zugute und verschafften ihnen, ihrer Situation und ihren Anliegen eine größere Beachtung.

Die Entwicklung im katholischen Frauenvereinswesen führte zu einer stärkeren Bündelung der organisatorischen Kräfte. Dieser Prozess der Zentrierung verhalf ihm insgesamt zu einer größeren gesellschaftlichen Einflussnahme. 1915 wurde der „Zentralverband der Jungfrauenvereinigungen Deutschlands“ ins Leben gerufen. Nachdem in diesem Jahre der erste diözesane Verband der Müttervereine, nämlich im Erzbistum Paderborn, gegründet worden war, folgten weitere Zusammenschlüsse in den einzelnen Diözesen. Schließlich ergab sich 1928 eine überdiözesane Struktur in Form des „Zentralverbandes der katholischen Frauen- und Müttervereine Deutschlands“. Der Sitz befand sich in Düsseldorf, von wo im Übrigen der „Zentralverband der katholischen Jungfrauenvereinigungen Deutschlands“ seit 1926 seine Vereinstätigkeiten koordinierte. Beide Verbände wurden vom nationalsozialistischen Gewaltregime 1939 verboten. Gleiches widerfuhr unter anderem dem „Verein katholischer deutscher Lehrerinnen“, der 1937 aufgelöst wurde.

Welch langer Anweg zu überregionalen Zusammenschlüssen zurückzulegen war, zeigt das Beispiel der Elisabethgemeinschaften. Der erste Verein entstand, wie bereits erwähnt, 1840 in Trier. Fast 100 Jahre sollten vergehen, ehe 1931 die „Reichsgemeinschaft der Elisabeth- und Frauenvinzenzvereine Deutschlands“ zustande kam.

Auf der Grundlage der Mitgliederzahlen im Kirchlichen Handbuch für das katholische Deutschland von 1926/27 wurde berechnet, dass im März 1927 in den Jungfrauen-,

Frauen- und Mütterorganisationen sowie weiteren von Geistlichen geleiteten Vereinen etwa 1,5 Millionen Katholikinnen organisiert waren.[20] Dies entsprach bei einer Gesamtzahl aller Mitglieder weiblicher Vereine von circa 1,7 Millionen einem Anteil von bemerkenswerten 85%. Wenn diese Zahlen zutreffen sollten, ist freilich zu beachten, dass sich das gesellschaftliche Gewicht und die gesellschaftspolitische Bedeutung der einzelnen Frauenorganisationen nicht allein an der Zahl ihrer Mitglieder bemessen lässt.

Dies gilt in diesem Zusammenhang insbesondere für den Katholischen Frauenbund, dessen Entwicklung zum Personalverband in der Weimarer Republik führte und der im Übrigen mehrmals umbenannt wurde. So kam es zunächst 1916 zum „Katholischen Frauenbund Deutschlands", dann 1921 zum „Katholischen Deutschen Frauenbund" (KDF). Wie schon im Kaiserreich lag der Vorsitz weiterhin in den Händen einer Frau, und ein Geistlicher Beirat beriet den Verband und stand den liturgischen Feiern vor. Dass sich die gesellschaftlichen Einflussmöglichkeiten für den Frauenbund vergrößerten, lag auch an solch tatkräftigen und energischen Persönlichkeiten an der Spitze des Verbandes wie Hedwig Dransfeld und Helene Weber. Dabei kam ihnen zugute, dass die Weimarer Republik den Frauen das aktive und passive Wahlrecht erstmals zugestanden hatte und die Verfassung nicht nur die Gleichberechtigung der Geschlechter festschrieb, sondern auch kirchliche Rechte und Sicherheiten in einem zuvor nie gekannten Ausmaß garantierte.

Das Spektrum der weiblichen Berufsvereine erweiterte sich noch. So wurde zum Beispiel 1926 die „Berufsgemeinschaft katholischer Frauen im pastoralen Dienst" gebildet, worauf später zurückzukommen sein wird. Keinesfalls geringzuschätzen ist die Arbeit des Hildegardis-Vereines, die darauf zielte, wissenschaftlich befähigte religiöse Studentinnen finanziell zu fördern. Die Gründung der Organisation

1907 in Frankfurt am Main wurde wirkungsvoll von dem Katholischen Deutschen Frauenbund und dem Verein katholischer deutscher Lehrerinnen unterstützt. 1917 bestanden 60 Ortsgruppen, 1932 rund doppelt so viele (119).

Die organisatorische und programmatische Verzahnung, welche die Deutsche Zentrumspartei und das weibliche katholische Verbandswesen miteinander verband, verstärkte sich ab dem Jahre 1922 durch die Einrichtung der Frauenbeiräte auf Reichs-, Landes- und Provinzialebene. Wie eng diese Verbindungen angelegt waren, zeigt sich daran, dass die Vorsitzende des Katholischen Deutschen Frauenbundes, Hedwig Dransfeld, an die Spitze des Reichsfrauenbeirates gewählt wurde. Weitere herausragende Mitglieder, die aus den katholischen Frauenorganisationen kamen, waren unter anderem Christine Teusch, Helene Weber und Wilhelmine Janssen, die Vorsitzende des Verbandes katholischer deutscher Studentinnenvereine.

Mit der Machtübernahme durch die Nationalsozialisten 1933 wurde die Verbandstätigkeit des deutschen Frauenkatholizismus schrittweise eingeschränkt und zurückgedrängt.[21] Die Phase der Unterdrückung hob an, die dem Aufblühen der weiblichen katholischen Organisationen in der Weimarer Republik ein jähes Ende setzte.

In Österreich

In Österreich, wo der Erste Weltkrieg das Ende der Habsburgermonarchie mit gewaltigen territorialen und mentalen Veränderungen herbeigeführt hatte, wurde der „Neubeginn" des organisierten Frauenkatholizismus in der Ersten Republik dadurch erleichtert, dass eine Reihe von Führungsgestalten weiterhin die Vereinsgeschicke leiteten und Verbände in ihren teilweise veränderten Strukturen fortbestanden. Das „Rückgrat" des weiblichen Katholizismus bildete die Katholische Reichsfrauenorganisation Österreichs als Dachverband. Der parteipolitisch agierende „Wiener Christliche Frauenbund“ schloss sich 1925 der „Zentralorganisation katholischer Frauen“ an, die sich aus den von Hildegard Burjan gegründeten, besonders in Wien und Niederösterreich tätigen Arbeiterinnenvereinen „Soziale Hilfe“ und „Frauenrecht“ für christliche Arbeiterinnen in Fusion mit der Katholischen Frauenorganisation Niederösterreich gebildet hatte.[22]

Noch im November 1918 hatten führende Katholikinnen eine abwartende oder ablehnende Haltung gegenüber dem Frauenstimmrecht eingenommen und so die Einstellung der katholischen Hierarchie geteilt. Diese sprach sich gegen eine politische Betätigung der Frauen aus beziehungsweise stand dem öffentlichen Wirken von Frauen durchwegs kritisch gegenüber, zumal der als natur- oder gottgegeben aufgefasste Ort der Frau ausschließlich in der Familie gesehen wurde. Mit der Einführung des allgemeinen Frauenwahlrechtes und mit der politischen Gleichstellung der Geschlechter in der Ersten Republik änderte sich die Position der organisierten Katholikinnen. Das Netz der konfessionellen Frauenverbände, welches Österreich überzog, bildete in gesellschaftspolitischer Hinsicht einen Machtfaktor, der nunmehr – so nicht nur die Überzeugung der Verbandseliten – für die Durchsetzung katholischer Werthaltungen und Forderungen im Parlament genutzt werden sollte. Dies führte dazu, dass die Katholische Reichsfrauenorganisation Österreichs „als weiblicher Flügel der Christlichsozialen Partei“ in der Ersten Republik fungierte.[23] Die Partei verdankte ihre Wahlerfolge neben der Unterstützung durch die kirchliche Hierarchie und das katholische Pressewesen besonders dem weiblichen konfessionellen Verbandswesen, dem größten katholischer Provenienz.[24] Den katholischen Mandatsträgerinnen gelang es, kirchliche Positionen vor allem in der Kultur-, Familien-, Jugend- und Sozialpolitik einzubringen.

Die Vorkämpferin einer organisierten konfessionell-politischen Frauenbewegung war die katholische Arbeiterinnenführerin und erste christlichsoziale Parlamentsabgeordnete Hildegard Burjan, die wie alle christlichsozialen Nationalrätinnen der Zwischenkriegszeit und die meisten Bundesrätinnen in enger Verbindung zu den Katholischen Frauenorganisationen stand. Viele Präsidiumsmitglieder des Dachverbandes nahmen ein Mandat auf Gemeinde-, Landes- oder Bundesebene für die Christlichsoziale Partei wahr oder waren Mitglieder der Parteileitung, so die Reichspräsidentin Fanny von Starhemberg, die Vizepräsidentinnen Alma Motzko-Seitz (1887–1968), die gleichzeitig Präsidentin der Wiener Landesorganisation war, und Anna Holzer (1871–1952) als Präsidentin der Katholischen Frauenorganisation (KFO) Niederösterreich. Die Funktionärinnen der KFO Steiermark entwickelten mit Abstand die umfangreichste parteipolitische Tätigkeit. Die Wiener Katholikinnenorganisation entsandte mehrere Mitglieder in den Gemeinderat und verfügte über zahlreiche KFO-Ortsgruppenleiterinnen als christlichsoziale Bezirksrätinnen. Auch im Tiroler und im Niederösterreichischen Landtag waren KFO-Funktionärinnen vertreten. Interessanterweise erlaubte der Gurker Fürstbischof Adam Hefter (1914–39) „aus pastoralen Gründen" keine irgendwie geartete Angliederung an politische Organisationen und befürchtete den Missbrauch katholischer Frauenvereine „für parteipolitische Zwecke".[25]

Die Katholische Reichsfrauenorganisation Österreichs unterschied sich in ihrer Arbeit und Zielsetzung nicht von den anderen damaligen konfessionellen Frauenbewegungen. Am wichtigsten waren ihr „die große geistige Mission, die kulturellen und religiösen Aufgaben", welche die „lebenswichtigen Interessen der Frauenwelt, Ehe, Schul- und Erziehungsfragen der Kinder" berücksichtigten.[26] Dem dienten Schulungskurse, religiöse Veranstaltungen verschiedenster

Form (Gottesdienste, Exerzitien, Wallfahrten etc.), Publikationen, so genannte Volks- und Wanderbüchereien und mehrere soziale und hauswirtschaftliche Ausbildungsstätten. Außerdem umfasste der vielfältige Wirkungskreis zum Beispiel die Jugend-, Armen- und Krankenfürsorge, die Jugendgerichtshilfe, Erholungs- und Ferienheime, die Berufsberatung und die Stellenvermittlung für Arbeitslose.

Parallel zum wachsenden parteipolitischen Engagement mancher katholischer Verbandsfunktionärin wurden die Katholische Reichsfrauenorganisation Österreichs und zahlreiche angeschlossene Vereine organisatorisch weiter entwickelt. Dies galt zum Beispiel für den Kinder- und Jugendbereich. Aus ersten Überlegungen einer eigenen zentralen Mädchenorganisation, die auf dem Zweiten Allgemeinen Katholischen Frauentag 1914 geäußert wurden, entwickelten sich Anstöße, die sieben Jahre später zur Gründung des Reichverbandes der katholischen Mädchenvereine Österreichs mit Sitz in Graz führten. Dieser Verband wurde in der Zwischenkriegszeit wesentlich durch seine Präsidentin Frieda Mikola (1881–1958) geprägt. Er suchte Glaube und Charakter der Mitglieder zu festigen, Familiensinn und sozialkaritatives Streben, Bildungsarbeit und körperliche Ertüchtigung und Geselligkeit miteinander zu verbinden, um „den Idealen einer reinen, unentweihten, frommen, starken und frohen Mädchenjugend, der edlen Frauenwürde, der echt katholischen Glaubenstreue“ nahezukommen.[27]

Größere, in den Auswirkungen bis zur Gegenwart reichende Veränderungen im Verbandskatholizismus der Frauen und Männer wurden durch die „Katholische Aktion“ (KA) ausgelöst. Im Zuge ihrer Umstrukturierung in den dreißiger Jahren gingen „die zahlreichen demokratisch aufgebauten Vereine vereinheitlicht in der Katholischen Aktion …, unter strenger hierarchisch-integralistischer Führung, auf“, wie der Grazer Kirchenhistoriker Maximilian Liebmann betont.[28] Bereits 1938 ergab sich eine neue Zäsur, als Österreich der nationalsozialistischen Herrschaft einverleibt wurde. Fast alle katholischen Vereine wurden nun aufgelöst.

In der Schweiz

Wie die konfessionellen Frauenorganisationen in Deutschland und Österreich baute der Schweizerische Katholische Frauenbund, dem von 1921 bis 1941 Marie Sigrist-Leuzinger vorstand, nach dem Ersten Weltkrieg seine sozialkaritativen Aktivitäten aus, besonders in der Mütterfürsorge und -erholung. Der Verband öffnete sich behutsam und nahm gelegentlich Kontakt zu den bürgerlichen Frauenvereinen auf. Ein Schritt in dieser Richtung war es, dass die organisierten Katholikinnen im Jahre 1928 an der ersten schweizerischen Frauengewerbeausstellung SAFFA teilnahmen. Angesichts der sich abzeichnenden totalitären Bedrohungen, insbesondere im Zeichen des Nationalsozialismus, traten sie 1933 mit anderen Frauenverbänden an die Öffentlichkeit, um sich offensiv für die Demokratie einzusetzen. Doch ging derartiges Handeln nicht über punktuelle Ansätze hinaus.

Im Laufe der 30er Jahre des 20. Jahrhunderts verstärkten sich eher noch die binnenkatholischen Verflechtungen und Abgrenzungen. Wie in Österreich geriet das katholische Verbandswesen der Eidgenossenschaft in stärkere Abhängigkeit von der kirchlichen Hierarchie. Im Jahre 1937 entschloss sich die Schweizerische Bischofskonferenz dazu, den Frauenbund zum offiziellen Repräsentanten des weiblichen Zweigs der Katholischen Aktion zu erklären. Das eigene Schrifttum der organisierten Katholikinnen wurde erweitert. Neben das seit 1915 bestehende Publikationsorgan „Die katholische Schweizerin" (gegründet 1914 als „Die katholische Schweizerfrau"), das sich eher an die Gebildeten unter ihnen wandte, trat ab 1933 die Monatszeitschrift „Die katholische Familie". Diese erschien ebenso wie jenes von 1943 an ohne die Angabe „katholisch" im Titel.

Auch in der Schweiz der Zwischenkriegszeit wurde die politisch-parlamentarische Teilnahme der Frauen zu einem öffentlichen Streitpunkt. Im Unterschied zur Mehrheit der Schweizer Frauenorganisationen, die 1928 in einer breit angelegten Initiative für das Frauenstimmrecht votiert hatte, lehnte der konfessionelle Frauenbund – wie schon vor dem Beginn des Ersten Weltkrieges – das aktive und passive Wahlrecht für Frauen ab, „weil die durch Ausübung dieser Rechte sich vollziehende Teilnahme der Frau am politischen Leben nicht dem Ideal der Frauennatur entspricht, wie es aus der Schöpfungsgeschichte, aus dem Evangelium und aus der Geschichte der christlichen Völker uns entgegentritt".[29] Diese Haltung vertrat beispielsweise die schon erwähnte, von 1919 bis 1925 amtierende Generalsekretärin Maria Crönlein, die zudem von 1918 bis 1923 als Redakteurin des Periodikums „Die katholische Schweizerin" tätig war und sich unter anderem für die weibliche Berufsberatung einsetzte. Die Haltung des Frauenverbandes entsprach derjenigen der katholischen Bischöfe der Schweiz. Ein Meinungswechsel des Schweizerischen Katholischen Frauenbundes sollte sich erst nach dem Zweiten Weltkrieg ergeben.

In Luxemburg

Am Beginn der Zwischenkriegszeit dehnte der Katholische Frauenbund, dem sich inzwischen auch die „Caritas" und der Verein für arme Kirchen „Oeuvres des Tabernacles" angeschlossen hatten, sein Wirkungsfeld auf das Land aus. Noch im Jahre 1917 hatte der Verband eine wöchentliche Beilage in der Tageszeitung „Luxemburger Wort" erhalten. Wie schon in der Zeit vor dem Ersten Weltkrieg wurden für die Mitglieder Studienzirkel und Generalversammlungen abgehalten, in denen geistliche Würdenträger Vorträge hielten und der Bischof das Schlusswort sprach. In den 30er Jahren konzentrierte sich der Einsatz der katholischen Frauen auf in Not geratene Familien, den Kampf gegen Ehescheidung und Alkoholismus sowie auf Sittlichkeitsfragen. Auf dem Land wurden hauswirtschaftliche und pflegerische Kurse, Exerzitien und religiöse Frauenwochen angeboten, ferner wurde eine Volksküche in Esch errichtet. Mit dem Zweiten Weltkrieg wurden die Stimmen der „Alliance Catholique des Femmes Luxembourgeoises“ zum Stillschweigen gebracht.

Vom Ende des Zweiten Weltkrieges bis zur Gegenwart

In Deutschland

Als der Zweite Weltkrieg endete, lagen große Teile Deutschlands in Schutt und Asche. Die politische Teilung zeichnete sich bald ab und sollte mehr als 40 Jahre dauern. Zwei deutsche Staaten entstanden nunmehr: die Bundesrepublik Deutschland und die Deutsche Demokratische Republik. Der Wiederaufbau im westlichen Teil Deutschlands in der so genannten „Adenauer-Ära“ wurde von den beiden großen christlichen Konfessionen nicht nur begleitet, sondern aktiv unterstützt und auch zum eigenen Wirken genutzt. Das vielfältige katholische Verbandswesen gewann nach Unterdrückung und Verbot während der nationalsozialistischen Gewaltherrschaft wieder an neuer Dynamik. So sah beispielsweise das Jahr 1949 die Gründung der „Arbeitsgemeinschaft katholischer Frauenverbände und -gruppen“. Hierin schlossen sich so unterschiedliche Organisationen wie die „Berufsgemeinschaft katholischer Frauen im pastoralen Dienst“, der „Berufsverband katholischer Arbeitnehmerinnen in der Hauswirtschaft Deutschlands“, der „Verband katholischer

Frauen in Wirtschaft und Verwaltung" sowie die „Vereinigung der Ordensoberinnen Deutschlands" zusammen.

Die Vielfalt des konfessionellen Frauenverbandswesens entstand erneut. Angesichts der vom Zweiten Weltkrieg ausgelösten gesellschaftlichen Erschütterungen fiel das Wirken der einzelnen Frauenorganisationen mit ihren spezifischen, im Religiösen wurzelnden Erneuerungsangeboten auf einen fruchtbaren Boden. Zum Beispiel seien der „Zentralverband der Katholischen Frauengemeinschaft Deutschlands", der „Katholische Deutsche Frauenbund", der „Sozialdienst Katholischer Frauen", der „Bundesverband der katholischen Familienpflegerinnen und Dorfhelferinnen in Deutschland" sowie der „Bund katholischer deutscher Akademikerinnen" genannt. Keine andere gesellschaftliche Großgruppe sollte ein so stark differenziertes Vereins- und Organisationswesen bei den Frauen aufweisen wie die katholische Kirche.

Im Jahre 1951 erfolgte die Wiederbegründung des „Zentralverbandes der katholischen Frauen- und Müttervereine Deutschlands", der 1968 in „Katholische Frauengemeinschaft Deutschlands (kfd)" umbenannt wurde. Auch unter den veränderten gesellschaftlichen Rahmenbedingungen versteht sich die kfd weiterhin als Gemeinschaft von Frauen für Frauen und als Anwältin von deren Anliegen in Kirche und Gesellschaft. Über Publikationen, darunter die Verbandszeitschrift „Frau und Mutter", Aktionen, Projekte und Initiativen mit zunehmend ökumenischer und internationaler Ausrichtung versucht sie eine öffentlichkeitswirksame Einflussnahme nicht nur zugunsten ihrer Mitglieder über Deutschland hinaus zu erreichen. Dabei stützt sich dieser Verband gegenwärtig auf über 620.000 Mitglieder in rund 6.000 Pfarrgemeinden. Damit ist die kfd der größte Frauenverband und zugleich der größte katholische Verband Deutschlands.

Nicht zu verwechseln mit der kfd ist der seit 1921 so heißende KDF, der „Katholische Deutsche Frauenbund", der sich seit 1983 des Kürzels KDFB bedient. Die Mitgliedszahl liegt heute bei 220.000. Die organisatorischen Geschicke des Verbandes werden seit dem Gründungsjahr von Köln aus gesteuert. Die Zeitschrift „KDFB Engagiert – Die Christliche Frau" dient als Kommunikationsforum. Zu den herausragenden, regelmäßigen Aktivitäten des KDFB zählen die Kölner Akademietage, die wichtigen aktuellen Themen in Kirche und Gesellschaft gewidmet sind, die Hohenheimer Theologinnentreffen, der Weltgebetstag der Frauen, der in Deutschland erstmals 1927 begangen wurde und jährlich am ersten Freitag im März gefeiert wird, und die Friedenswallfahrt zur Frauenfriedenskirche in Frankfurt am Main. Wie schon in den Anfangsjahren sollen die Mitglieder dazu befähigt werden, sich weiterzubilden und eigenverantwortlich die Herausforderungen in Familie und Beruf anzunehmen. Das Eintreten für eine geschwisterliche Kirche ist mit einem entschiedenen ökumenischen Engagement gepaart. Die Verbandsarbeit zielt darauf, die Stellung der Frau(en) in der ganzen Welt zu verbessern – ohne Rücksicht auf ethnische oder soziale Schichtzugehörigkeit.

Die organisatorischen Weichenstellungen nach dem Ende des Zweiten Weltkrieges ermöglichten es der katholischen Frauenbewegung insgesamt, das religiöse und gesellschaftliche Leben der Bundesrepublik Deutschland in der festen Bindung an die katholische Kirche mitzugestalten, über die Mitarbeit in Laiengremien wie dem Zentralkomitee der deutschen Katholiken und über das Engagement im vorpolitischen Raum hinaus. Für die konkrete Arbeit bot sich die katholische Soziallehre mit als Leitfaden an. An die Stelle des Zentrums als politischer Referenzpartei traten für die katholischen Frauenverbände – wie für die organisatorischen männlichen Entsprechungen – gemeinhin die überkonfessionell ausgerichteten, doch stark katholisch geprägten Unionsparteien: die Christlich-Demokratische Union

(CDU), die in allen Bundesländern außer Bayern aktiv wurde, und die Christlich-Soziale Union (CSU), letztere auf Bayern begrenzt. Dies änderte sich in dem Maße, wie sich die Sozialdemokratie als Volkspartei – später auch die Grünen – für katholische, wertorientierte Wählerinnen wie Wähler öffnete und die gesellschaftlichen Umbrüche seit den 60er und 70er Jahren des 20. Jahrhunderts einen sich allmählich anbahnenden politischen Pluralismus in Teilen der konfessionellen Frauenbewegung begünstigten.

Wie schon zu Zeiten des Kaiserreiches und der Weimarer Republik stellte die Bildungsarbeit einen Schwerpunkt der verbandlichen und (vor)politischen Arbeit der katholischen Frauenbewegung dar. Diese bemühte sich nach Kräften, auch „die sozialpolitische Ausgestaltung des ökonomischen und institutionellen Rahmens der Entfaltung von Fraulichkeit und Mütterlichkeit" voranzutreiben.[30] Als weitere Herausforderung ist die konkrete Ausgestaltung des verfassungsmäßigen Grundsatzes der Gleichberechtigung von Frau und Mann – so nach dem dritten Artikel des deutschen Grundgesetzes – in Ehe und Familie sowie in der Gesellschaft hinzugekommen. Damit geht indes eine fortwährende Diskussion über die Rolle der Frauen in der Kirche einher – und über die „innere Neubestimmung fraulicher Identität".[31] Ein neuer Prozess der Selbstverständigung hat sich für die katholische Frauenbewegung und die katholische(n) Frau(en) im Gefolge der gesellschaftlichen Umbrüche in den 60er Jahren des 20. Jahrhunderts ergeben. Das Zweite Vatikanische Konzil (1962–1965) und die Würzburger Synode (1971–1975) sorgten zunächst für eine euphorische Aufbruchsstimmung in ihren Reihen. Die Vielfalt individueller Lebensentwürfe und Präferenzen steht freilich häufig in Kontrast zu den neuen gesellschaftlichen Verengungen eines „modernen Frauenbildes". Dies erschwert verallgemeinernde Aussagen.

Die allgemeinen Krisenerscheinungen, welche die Gesellschaften in den westlichen Industriestaaten Nordamerikas und Europas hinsichtlich des kirchlich gebundenen religiösen Lebens kennzeichneten und die katholischen Frauenorganisationen nicht verschonten, erfuhren in Deutschland im Zuge der deutschen Wiedervereinigung noch eine stärkere Akzentuierung. Die Dynamik der Säkularisierung und Dechristianisierung der deutschen Gesellschaft ging über Mitteldeutschland und Gesamtberlin hinaus. Die katholischen Christen waren in der kommunistischen DDR eine zahlenmäßig schwache Minderheit gewesen. Zu diesen gesamtgesellschaftlichen Entwicklungstendenzen kamen der sich ausbreitende Individualismus und der Rückzug ins Private, wachsende Gleichgültigkeit gegenüber Religion und Kirche sowie der Autoritätsverlust der kirchlichen Amtsträger, vor allem der Bischöfe und des Papstes, hinzu. Alles dieses führte dazu, dass sich auch Frauen vermehrt von der katholischen Kirche abwandten, zumal diejenigen mit höherer Schulbildung.

Die Feministische Theologie und ihre verschiedenen Entwürfe erschienen nicht wenigen Frauen seit den 80er Jahren des 20. Jahrhunderts als Weg, ihre Selbstfindung in der Kirche zu verwirklichen und zugleich ihre Interessen durchzusetzen. Die Entwicklung kontextueller theologischer Entwürfe ging von weiblichen Glaubens-, Lebens- und Gotteserfahrungen aus, wobei eine jüngere, geschlechterübergreifende Sicht („Genderfragen“ und „Gender-Mainstreaming“) hinzutrat. Jene zielte auf die Überwindung belastender Traditionsstränge und patriarchaler Strukturen in Kirche und Gesellschaft, suchte neue religiöse Begriffe zu entwickeln und diese in den öffentlichen Diskurs einzubringen. Als mitunter vages Ziel wurde eine innerkirchliche Chancengleichheit angestrebt, als deren wahrhaftiger Gradmesser die Zulassung zum Diakonat und zum Priestertum bestimmt werden konnte. Dass die katholische Kirche im Laufe der Zeit ausgeprägten Erwartungen von Frauen, zumal den in den großen Organisationen engagierten, nicht entsprach, zumindest in Teilen, führte eher bei jüngeren und besser gebildeten Katholikinnen zu Enttäuschung, Resignation oder Auszug. Frauenverbände, die auch als Sprachrohr von Kritik und Entrüstung über innerkirchliche Strukturen dienten, konnten in einem solchen Zusammenhang danach bemessen werden, inwieweit sie dazu beitrugen, weibliche Mitbestimmungsmöglichkeiten durchzusetzen.

Innergesellschaftliche und innerkirchliche Reibungsflächen im öffentlichen Diskurs wurden und werden durch „Reizthemen" wie Geburtenplanung, Sexualität, Ehescheidung, Abtreibung (die Reform des § 218 StGB), Schwangerenberatung, Pflichtzölibat und Ehen ohne Trauschein sichtbar. Dass sich hier für den organisierten Frauenkatholizismus eine genuin eigene Aufgabe eröffnet, ist unbestritten. Jedoch wurde und wird immer noch um die rechte institutionelle Ausgestaltung und die Mitarbeit in der offiziellen Schwangerenberatung gerungen. Öffentlich werden weiterhin die Zulassung von Frauen zum Diakonat und zum Priestertum diskutiert. Es wäre zu untersuchen, inwieweit diese Fragen heute die Gesamtheit der katholischen Frauen im deutschen Sprachraum bewegen.[32]

Eine weitere Herausforderung für die konfessionelle Frauenbewegung besteht in den rasanten bio- beziehungsweise gentechnologischen Umwälzungen, die in ihren Folgen bei Weitem noch nicht abzuschätzen sind. Fragen der Fortpflanzung und der Embryonenforschung bedürfen auch seitens der organisierten Katholikinnen einer verstärkten Aufmerksamkeit und wegweisender Antwortversuche für das eheliche und familiäre Leben.

Unbeschadet der allgemeinen und spezifischen Krisenphänomene, welche die konfessionelle Frauenbewegung betreffen, ist davon auszugehen, dass sie auch künftig Kirche und Gesellschaft im deutschen Sprachraum bereichern und beeinflussen wird. Wenn das kirchliche Leben nach wie vor in zahlreichen Bezügen seine Vitalität unter Beweis stellt, liegt dies zweifellos zu einem ganz beachtlichen Teil an (den) katholischen Frauen.

In Österreich

Nachdem die nationalsozialistische Herrschaft überwunden worden war, entstand nach und nach in allen österreichischen Diözesen die Katholische Frauenbewegung als Gliederung der Katholischen Aktion. Zuvor hatten sich Frauengruppen in den Pfarren zu karitativen Zwecken zusammengeschlossen. 1947 wurde am Fest Christi Himmelfahrt im Wallfahrtsort Maria Plain die „Katholische Frauenbewegung Österreichs" (kfbö) gegründet; ein Jahr später wurde außerdem der „Verein Katholisches Frauenwerk in Österreich" (KFWÖ) in Salzburg als Rechtsträger aller gesamtösterreichischen Aktivitäten errichtet. Die organisatorischen und programmatischen Aktivitäten der (weiterhin) größten Frauenbewegung Österreichs, die heute rund 200.000 Mitglieder umfasst und die eigene Monatszeitschrift „Welt der Frau" herausgibt, nahmen schrittweise Gestalt an. Im Jahre 1949 fand die erste gesamtösterreichische Frauenwallfahrt nach Mariazell statt, 1952 wurde die Zeitschrift „Führungsblatt" für die Fortbildung der Mitarbeiterinnen ins Leben gerufen. Bewusstseinsbildend in Kirche und Gesellschaft sollte der Familienfasttag wirken, der angesichts der gravierenden Notlagen und des vielfachen Hungers in Entwicklungsländern erstmals 1958 durchgeführt wurde. Es handelte sich weltweit um die erste Aktion dieser Art einer katholischen Organisation, die von den Spendengeldern vornehmlich Frauenprojekte in aller Welt unterstützt. Die Leitung der katholischen Frauen in Pfarre, Dekanat und Diözese obliegt jeweils der durch geheime Wahl gewählten und durch die zuständige kirchliche Stelle bestätigten Leiterin und deren Stellvertreterinnen. Geistliche Assistenten, von der kirchlichen Hierarchie bestellt, unterstützen diese. Jede Diözese hat ihre eigenen Statuten, die sich jedoch an denen der kfbö orientieren.

Auf die erste Vorsitzende der kfbö nach dem Zweiten Weltkrieg, die Mittelschullehrerin Dr. Berta Wolf (von 1947 bis 1957), die noch ein Frauenbild im Sinne der Ergänzungstheorie der Geschlechter vertrat, folgte Herta Pammer (von 1957 bis 1978), die wesentlich selbstbewusster Österreichs größte Frauenorganisation präsidierte. Ihre Nachfolgerin war Dr. Inge Loidl, die als erste Frau 1971 eine Diözesansynode, nämlich diejenige in Linz, geleitet hatte. Schon zu dieser Zeit nahm die Organisation eine tendenziell parteipolitische Neutralität ein, zumindest in der Außendarstellung, die einer Äquidistanz zu den Parteien unter den Vorsitzenden Ingrid Klein (von 1987 bis 1999) und Margit Hauft (seit 2000) entsprach. Nach einem langen gemeinsamen Prozess präsentierte die kfbö erstmals im Herbst 1993 ihre Leitlinien, die zehn Jahre später überarbeitet wurden, um angemessen auf die Herausforderungen des 21. Jahrhunderts reagieren zu können. Hierin sind Selbstverständnis, Lebens- und Arbeitsfelder sowie Ziele der katholischen Frauengemeinschaft beschrieben. Der Vielfalt der Vorstellungen von katholischen Frauen, die sie aus der Kraft des Glaubens heraus in Kirche und Gesellschaft einbringen wollen, wird Rechnung getragen; der Verband strebt eine gleichberechtigte und partnerschaftliche Teilhabe der Frauen am familiären, kirchlichen und gesellschaftlichen Leben an.

Im Jubiläumsjahr 2007, in dem auf ein 60-jähriges Bestehen der kfbö seit der (Wieder)Gründung in der Nachkriegsära zurückgeschaut werden konnte, wurde deutlich, wie stark sich die kfbö beispielsweise von Leitbildern und (partei)politischen Zielsetzungen der katholischen Frauenbewegung in der Ersten Republik entfernt hat und wie selbstbewusst die Verbandsvertreterinnen am öffentlichen Diskurs Österreichs teilnahmen – und teilnehmen. Es entspricht wohl der Marketingstrategie einer konfessionellen Frauenorganisation zu Beginn des 21. Jahrhunderts, dass im Jubiläumsjahr 2007 der ÖBB-Intercityzug 640 von Wien nach Salzburg die Bezeichnung „60 Jahre Katholische Frauenbewegung Österreichs" trug.

In der Schweiz

Die katholische Sondergesellschaft in der Eidgenossenschaft, zumal in der Innerschweiz, erlebte nach dem Zweiten Weltkrieg einschneidende Veränderungen, die sich mit voller Wucht seit den 60er und 70er Jahren vollzogen und das seit dem 19. Jahrhundert verfestigte Milieu mit seinen gesellschaftlichen Abgrenzungen und sozialen Abschottungen in Teilen auflösten. Bis heute dauern diese Wandlungen an. Die engen Verflechtungen von politischem und sozialem Katholizismus, von der 1912 gegründeten „Schweizerischen Konservativen Volkspartei", die 1957 zur „Konservativ-Christlichsozialen Volkspartei" und 1970 zur „Christlichdemokratischen Volkspartei" wurde, und dem breiten konfessionellen Verbandswesen mit seinen Gliederungen lockerten sich zusehends. Die gesellschaftliche Aktionseinheit von kirchlicher Hierarchie und katholischer Laienbewegung schwand in beträchtlichem Maße.

Auch die konfessionelle Frauenbewegung, der innerhalb des schweizerischen Binnenkatholizismus seit Jahrzehnten eine tragende und stabilisierende Rolle wie dem „Schweizerischen Katholischen Volksverein" zukam, war von dieser allgemeinen Entwicklung nicht ausgenommen. Der Frauenbund war vielleicht noch stärker als sein männliches Pendant von Veränderungen betroffen. Ganz besonders galt dies für sein Selbstverständnis, seine Zielsetzungen und sein konkretes Handeln in Kirche und Gesellschaft. Dass sich Kurskorrekturen von erheblichem Gewicht anbahnten, lässt sich an der Frage des Wahlrechtes für Frauen verfolgen. Hierbei bereitete die dritte Verbandspräsidentin, die Arzttochter Lina Beck-Meyenberger (1941–1957), den Meinungswechsel vor, der dann von ihrer Nachfolgerin, der Anwältin und späteren Nationalratsabgeordneten Dr. Elisabeth Blunschy-Steiner (1957–1961), vollzogen wurde. Damit gab der Schweizerische Katholische Frauenbund seine Rücksichtnahme auf die Bischofskonferenz und insbesondere ihren geistlichen Protektor, den Basler Bischof Franziskus von Streng (1937–1967), der mit seinen Amtsbrüdern die traditionelle Linie beibehielt, auf und nahm erstmals in einer zentralen Frage des gesellschaftlichen Lebens eine abweichende Haltung ein – auch in Bezug auf die sehr große Mehrheit des Klerus.

Es war Elisabeth Blunschy-Steiner vorbehalten, die Resolution der am 17. April 1958 stattgefundenen Delegiertenversammlung zur Einführung des Frauenstimm- und Wahlrechts im Verbandsorgan „Die Schweizerin“ zu veröffentlichen und vorzustellen. Im Jahre 1959 stand die Volksabstimmung zum Frauenstimmrecht an, die indes ablehnend ausgehen sollte (fast 67% Nein-Stimmen der Männer). Der Frauenbund befürwortete klar dessen Einführung und begründete dies mit derselben Menschenwürde für Mann und Frau nach christlichem Verständnis. Dieses Ja sollte den Frauen die Mitarbeit „für das Wohl von Familie, Gesellschaft und Staat“ aufgrund des Gebotes der Nächstenliebe ermöglichen. Bereits im Jahre 1945 hatte sich eine Studientagung des Verbandes mit dem Frauenstimmrecht befasst, auf welcher die Referierenden ein positives Votum empfahlen. Es dauerte allerdings noch bis zu den Nationalratswahlen im Herbst 1971, ehe das Frauenwahlrecht auf eidgenössischer Ebene eingeführt wurde. Zuvor konnten Frauen freilich in verschiedenen Kantonen, vor allem in der Westschweiz, wählen – mit Ausnahme der Schwyz, die ihr Nein auf kantonaler Ebene behielt und ein Jahr später ihren Widerstand aufgab.

Ein Ereignis im Bereich der praktischen Ökumene machte des Weiteren deutlich, dass sich neue Zeiten im Verband ankündigten. Die drei konfessionellen Frauenorganisationen (römisch-katholisch, reformiert, christkatholisch) nutzten auf der 2. Frauengewerbeausstellung SAFFA in Zürich 1958 einen gemeinsamen Gottesdienstraum, im Volksmund „das SAFFA-Kirchlein" genannt, wo sie zum Gebet und zu Wortgottesdiensten zusammenkamen; auch der 1926 gegründete „Bund der Israelitischen Frauenvereine" in der Schweiz beteiligte sich mit einem Vortragsprogramm an der interkonfessionellen Initiative, was als hoffnungsvolles Zeichen für die Beziehungen zwischen Christentum und Judentum gewertet wurde. Der ökumenische Aufbruch des Frauenbundes verstärkte sich mit dem Zweiten Vatikanischen Konzil. Ein beachtliches und bestärkendes Zeichen für das Verhältnis der Konfessionen zueinander war es, dass die erste ökumenische Zeitschrift „Schritte ins Offene" 1970 ins Leben gerufen wurde. Sie ging aus den beiden Frauenverbandsorganen „Die Evangelische Schweizerfrau" und „Die Schweizerin" hervor. Der 1947 gegründete „Schweizerische Evangelische Frauenbund" und sein schon länger bestehendes katholisches Gegenstück fanden darüber hinaus zu engeren Formen der Kooperation, was angesichts der fortschreitenden Säkularisierung und religiösen Indifferenz der schweizerischen Gesellschaft mehr als geboten erschien. Beispielsweise bot der Weltgebetstag der Frauen im März hierfür einen Rahmen. Bis heute stellt das Engagement für die Ökumene und den Frieden – beides wird zunehmend als Einheit gesehen – einen Schwerpunkt des Schweizerischen Katholischen Frauenbundes dar. Impulse hierfür gingen auch von der ersten Europäischen Ökumenischen Versammlung in Basel 1989 aus, die unter das Thema „Friede in Gerechtigkeit“ gestellt war. In der Folgezeit trat der Schweizerische Katholische Frauenbund für eine gerechtere Arbeitsaufteilung unter den Geschlechtern wie auch im internationalen Bereich ein und plädierte für eine humane wirtschaftliche und soziale Globalisierung.

Weitere Schwerpunkte der Verbandsarbeit ergaben sich bereits während der Präsidentschaft von Elisabeth Blunschy-Steiner: die fortwährende Erneuerung des Familienrechts und die Entwicklungszusammenarbeit – neben der Asylpolitik. Frauen in der so genannten Dritten Welt sollte das 1958 gegründete Elisabethwerk zugute kommen. Mit dem „Elisabethopfer“ wurden und werden Projekte in den Entwicklungsländern unterstützt.

Dass die promovierte, ledige Juristin Gertrud Heinzelmann, aus einer liberalen Kaufmannsfamilie stammend, „als Schwester aller Schwestern“ am 23. Mai 1962 in einer Eingabe an das Zweite Vatikanische Konzil die Zulassung der Frauen zur Priesterweihe forderte, fand unter den organisierten Katholikinnen zustimmende, aber auch verhaltene bis ablehnende Reaktionen.[33] Sie selbst fühlte sich zum Priestertum in der katholischen Kirche berufen und diskriminiert, auch weil ihr das Theologiestudium – wie jeder Frau der damaligen Zeit in der Schweiz – zunächst verwehrt blieb. Erst 1956 konnte sich die erste Frau zum katholischen Theologiestudium an der Universität Freiburg im Uechtland immatrikulieren. Die persönlichen Lebenserfahrungen führten Gertrud Heinzelmann wohl mit zu der Darlegung, „wie beleidigend und erniedrigend Wertung und Stellung der Frauen – also der halben Menschheit – in der Kirche nach deren offizieller Lehre ist und wie sehr das in dieser halben

Menschheit verkörperte geistige Menschentum in Entfaltung, Tätigkeit und Ausdruck behindert und unterdrückt wird".[34] Sie gehörte von 1956 bis 1976 dem Zentralvorstand des Schweizerischen Frauenstimmrechtsverbandes an, war Präsidentin des Zürcher Frauenstimmrechtsvereins (1962–1966) und gründete 1964 den ersten Verlag für Frauenrecht im deutschen Sprachraum, „Interfeminas" in Bonstetten. Heinzelmanns Anstöße verhallten nicht ungehört in der schweizerischen Frauenbewegung.

Unter der SKF-Zentralpräsidentin Anne-Marie Höchli-Zen Ruffinen (1970–1982), die für ihre Verdienste um eine verstärkte Mitarbeit der Frauen in Kirche und Staat das Ehrendoktorat der Theologischen Fakultät der Universität Freiburg im Uechtland erhielt, erweiterten sich die vom Verband vorrangig behandelten Fragen und Problemlagen von Frauen. So forderte dieser unter anderem auf der römisch-katholischen „Synode 72" die Frauenordination und flankierende Maßnahmen zum Schutz von Mutter und Kind in den Diskussionen um den Schwangerschaftsabbruch. Weitere Themen waren die Seelsorge für Geschiedene und die eucharistische Gastfreundschaft. Der Verband selbst gründete den „Solidaritätsfonds für werdende Mütter in Bedrängnis" (heute Solidaritätsfonds für Mutter und Kind SOFO) und drang auf eine Mutterschaftsversicherung. Während der Präsidentschaft von Margrit Camenzind-Wüest (1982–1988) kamen als wichtige Themen der Verbandsarbeit die Gentherapie und die Invitro-Fertilisation hinzu. Ein weiteres Mal zeigte sich bei der ambitionierten Thurgauerin, wie das Leitungsamt an der Spitze des Verbandes den erfolgreichen Weg in die Politik ebnen konnte. Sie war ein Jahr lang zugleich Zentralpräsidentin und Nationalrätin.

Im Jahre 1994 erfolgte der Zusammenschluss der Frauen- und Müttergemeinschaften (FMG) mit dem Schweizerischen Katholischen Frauenbund, der seine Verbandsarbeit Ende der 1990er Jahre modernisierte und professionalisierte. Heute zählt dieser rund 200.000 Mitglieder. In ganz selbstverständlicher Weise bezog und bezieht er Stellung zu brisanten und umstrittenen Fragen wie Pflichtzölibat, Frauenordination, Geschiedenenpastoral, kirchlichem Amtsverständnis und Antijudaismus. Das Selbstverständnis des Verbandes – wie das seiner Mitglieder – wandelte sich im Verlauf der vergangenen fast 100 Jahre stark. Die organisierten Katholikinnen verstehen sich „als mündige Christinnen aufgrund des Evangeliums“[35]. In ihren Augen ist der SKF „ein konfessioneller Verband, welcher der Kirche verpflichtet bleibt, aber sich eigenständig und unabhängig für Frauen einsetzt.“[36] So handelt die rein zivilrechtlich konstituierte Organisation mit kirchlicher Zielsetzung, beansprucht eine eigene Sicht der Vorgänge in Christentum und Staat sowie der Situation der Frauen in der Schweiz und weltweit, wirkt in sozialkaritativer und sozialpolitischer Weise weitaus stärker als früher in Kirche und Gesellschaft hinein. Wenn er den Titel seiner Zeitschrift von „Ehe und Familie“ in „frauenbunt“ (2000–2005 bestehend) änderte, drückt sich darin zugleich die Pluralisierung der kirchlichen und gesellschaftspolitischen Meinungen und Einstellungen seiner Mitglieder aus. Nach dem Zeithistoriker Urs Altermatt wurde der Verband sogar „zu einem ambivalenten und spannungsgeladenen Modernisierungsfaktor im Schweizer Katholizismus“.[37]

In Luxemburg

Die Jahre nach dem Zweiten Weltkrieg stellen auch in Luxemburg verbandlich und strukturell eine Zäsur dar. Es waren die hauptamtlichen geistlichen Direktoren, die auf die Entwicklung der „Alliance Catholique des Femmes Luxembourgeoises“ (ACFL), wie die Frauenorganisation seit 1946 hieß (seit 1959 „Action Catholique des Femmes Luxembourgeoises“), einen starken Einfluss ausübten und zusammen mit der gewählten, ehrenamtlich tätigen Nationalpräsidentin agierten. Im Oktober 1944 wurde der erste Direktor Pierre Posing (1907–1963) von Bischof Joseph Philippe (1935–1965) mit dem Aufbau und der Leitung der Werke der katholischen Frauenorganisation in der Diözese betraut. Anfangs bestanden enge Kontakte zum Schweizerischen Katholischen Frauenbund, die ersten Aktivitäten konzentrierten sich auf die jungen Frauen. Wichtige Impulse zum organisatorischen Aufbau gingen von der ersten öffentlichen Frauenversammlung im Frühjahr 1946 aus, bei welcher die renommierte Mitarbeiterin des Schweizerischen Katholischen Frauenbundes, Hilde Vérène Borsinger, über das Thema „Frauen gestalten die Zukunft“ referierte. Nach anfänglichen Schwierigkeiten, die sich auch aus einer fehlenden Zusammenarbeit mit einzelnen Zweigen der Katholischen Aktion und aus der mangelnden Unterstützung durch den Klerus ergaben, entfaltete die Katholische Frauenorganisation ein reges Wirken. Zu dieser stieß 1978 die „Equipe Jeunes Mamans“, die sich besonders der Familien und Kinder annahm. Pfarr- und Dekanatsgruppen wurden ab den 50er Jahren errichtet.

Eine Pionierin der Verbandsarbeit nach dem Zweiten Weltkrieg war die unermüdlich tätige erste Nationalpräsidentin Léa Schumacher-Kugener (1946–1969), die eng mit der kirchlichen Hierarchie zusammenarbeitete. Als Gründungsmitglied des sozialen Werkes „Chantiers de la Fraternité Chrétienne“ nahm sie sich wohnungssuchender, kinderreicher Familien an und setzte sich darüber hinaus schwerpunktmäßig für die „Dritte Welt“ und für den „Service des Missions“ ein. So entstand im Rahmen der ACFL zunächst das Werk „Les Amis des Lépreux“ zur Linderung der Not für Leprakranke, aus dem weitere Nachfolgeinitiativen, wie die „Fondation Raoul Follereau“, hervorgingen. Schumacher-Kugener fand wichtige Impulse für ihre Arbeit bei Joseph Cardijn (1882–1967), dem Gründer und Generalkaplan der internationalen „Christlichen Arbeiterjugend“, der 1965 die Bischofsweihe erhielt und zum Kardinal erhoben wurde. Auf ihre Einladung hin hielt er mehrmals Vorträge in Luxemburg. Als Redaktionsmitglied der Zeitschrift „Letzebuerger Fraen a Mammen“, die 1956 in „Marienland“ umbenannt wurde, nahm sie zu Familien- und Erziehungsfragen, Mission und Priestermangel Stellung. 1957 wurde sie in die „Union Mondiale des Organisations Féminines Catholiques“ gewählt. Unter Aloyse Biel, der von 1963 bis 1988 Pierre Posing nachfolgte, wurden Initiativen für die religiöse Weiterbildung von Frauen, Familien und älteren Menschen gesetzt. Seit 1994 trägt der Frauenverband, der unter dem Patronat der Luxemburger Großherzogin steht und neben den „Fraen a Mammen“ auch den „Letzebuerger Jongmedercher“ und so genannte „Equipen“ umfasst (nämlich die „Equipe Sainte-Monique“ für Pfarrhaushälterinnen, die „Equipe Sainte-Marthe“ für Witwen und die „Equipe Sainte-Geneviève“ für unverheiratete Frauen), die Bezeichnung „Action Catholique des Femmes du Luxembourg“.

4. Katholikinnen im öffentlichen und politischen Leben

In Deutschland

Im öffentlichen Leben der deutschsprachigen Länder spielten Frauen lange allenfalls nur eine marginale Rolle. Was sich im 19. Jahrhundert hier und da an Aufbrüchen und Initiativen ankündigte, brach sich Bahn im 20. Jahrhundert.

In der Politik und im parlamentarischen Leben konnten katholische und evangelische, ihren Glauben lebende Frauen ihre vernehmliche Stimme erst in den Republiken nach dem Ersten Weltkrieg erheben – anfangs eher nur vereinzelt und nach deren Ende infolge der nationalsozialistischen Machtübernahme überhaupt nicht mehr. Nachdem demokratische Ordnungssysteme an die Stelle der totalitären Herrschaft getreten waren, verbesserten sich die politischen Einwirkungsmöglichkeiten für die Frauen immer mehr, die nun über gewöhnlich stark engagierte Abgeordnete auch spezifische Interessen wirkungsvoller ins parlamentarische Leben einbringen konnten. Zu einer Zäsur in diesem Bereich kam es in Deutschland im letzten Viertel des 20. Jahrhunderts. Die Gründe hierfür liegen in der allgemeinen gesellschaftlichen Entwicklung und der damit einhergehenden Emanzipation, in der größeren Aufgeschlossenheit der politischen Parteien für die Anliegen von Frauen und deren Bedeutung für Wahlausgänge, in den deutlich erweiterten weiblichen Handlungsspielräumen gesellschaftlicher Partizipation sowie auch in der schrittweise erfolgten Gleichstellung der Frau(en) in der Kirche.

Wie weit das Wirken von katholischen Frauen im öffentlichen und politischen Leben in Vergangenheit und Gegenwart reicht, lässt sich an Beispielen anschaulich aufzeigen. Die aus Hacheney bei Dortmund gebürtige Hedwig Dransfeld (1871–1925), die Tochter eines Oberförsters, stellte sich bis zu ihrem Tode ganz in den Dienst der Anliegen von Frauen und Familien. Dies ist umso bemerkenswerter, als ihr persönliche Schicksalsschläge nicht erspart blieben: So wurde sie mit acht Jahren Vollwaise, und mit 28 Jahren musste ihr infolge einer Knochentuberkulose der linke Arm amputiert werden. Von 1905 bis 1920 leitete sie die Redaktion der Zeitschrift „Christliche Frau", des Publikationsorgans des Katholischen Deutschen Frauenbundes. Es gelang ihr, zu dessen Erster Vorsitzenden (1912–1924) aufzusteigen. Überzeugt von der Notwendigkeit des politischen Engagements, schloss sie sich der Zentrumspartei an. Über die Deutsche Nationalversammlung in Weimar kam sie in den Reichstag, wo sie stellvertretende Vorsitzende ihrer Fraktion wurde. Auch in der Partei fiel ihr der Stellvertretervorsitz zu. Schwerpunkte ihres politischen Wirkens waren Frauen-, Schul- und Kulturfragen. Landesweit wurde ihr Einsatz für die Frauenfriedenskirche in Frankfurt am Main bekannt, die aus dem Wirken der katholischen Frauenbewegung entstand und am 5. Mai 1929 eingeweiht wurde. Das Gotteshaus war ein steinernes Symbol der Friedens- und Versöhnungsbereitschaft der konfessionell organisierten Frauen Deutschlands. Es diente gleichermaßen als Mahnmal für die Gefallenen des Ersten Weltkrieges und als Gebetsstätte für den Frieden. Die treibende Kraft für die Errichtung der Kirche war Hedwig Dransfeld, die als Ort für das neue Gotteshaus zunächst die Stadt Marburg in Erinnerung an die heilige Elisabeth von Thüringen vorgeschlagen hatte. Die unermüdlich tätige Westfälin erschien anderen Frauen als leuchtendes Vorbild.

Die Verbindung von gelebtem Glauben und gesellschaftspolitischem Engagement verkörperten weitere katholische

Frauen, die nach dem Ende des Ersten Weltkrieges in die Verfassungsgebende Nationalversammlung und teilweise danach auch in den Deutschen Reichstag einzogen: Neben Hedwig Dransfeld sind Agnes Neuhaus, Maria Schmitz, Christine Teusch, Helene Weber und Maria Zettler zu nennen.[38] Zu diesem Kreis zählte später auch Elisabeth Zillken (1888–1980), die als Generalsekretärin dem katholischen Fürsorgeverein für Mädchen, Frauen und Kinder von 1916 bis 1958 diente, von 1930 bis 1933 dem Reichstag angehörte, nach dem Zweiten Weltkrieg die CDU in Dortmund und das Zentralkomitee der deutschen Katholiken mit begründete und Mitglied des Landtages von Nordrhein-Westfalen wurde. Die angeführten Funktionärinnen wirkten maßgeblich an sozial- und familienpolitischen Gesetzen mit, so zum Beispiel am Mutterschutz und sozialen Wohnungsbau, an Familien-Lastenausgleichskassen und der Steuerreform. Maria Zettler (1885–1950) gehörte der Bayerischen Volkspartei und der katholischen Laienorganisation „Societas Religiosa“ an und hatte über 40 Jahre das Amt der Landessekretärin des Frauenbundes in Bayern inne, wo sie die Zeitschrift „Bayerisches Frauenland“ redigierte. Eine ihrer Mitstreiterinnen war im Übrigen Ellen Ammann (1870–1932), die 1909 die „Sozial-caritative Frauenschule“ (heute „Katholische Stiftungsfachhochschule für Sozialarbeit“) in München gründete und als eine der ersten weiblichen Abgeordneten der Bayerischen Volkspartei dem Landtag von 1919 bis zu ihrem Tod angehörte. Der gutbürgerlichen, selbstlosen Architektentochter Maria Schmitz (1875–1962) aus Aachen, einer franziskanischen Tertiarin, lagen insbesondere die höhere Mädchenbildung und die Lehrerinnenausbildung am Herzen. Ihr gelang es, im Jahre 1907 den Hildegardis-Verein ins Leben zu rufen, der die Ausbildung von mittellosen Frauen als Lehrerinnen, Ärztinnen und Juristinnen finanziell ermöglichen sollte; von 1916 bis 1953 leitete sie den

Verein katholischer deutscher Lehrerinnen und erreichte im Jahre 1922 die wegweisende Gründung des „Deutschen Instituts für wissenschaftliche Pädagogik" in Münster.

Die Dortmunder Arzttochter Agnes Neuhaus (1854–1944), die mit einem Amtsrichter verheiratet und Mutter von drei Kindern war, gründete im Jahre 1903 den Katholischen Frauenbund mit und wurde zu einer Pionierin des Wohlfahrtswesens. Ein persönlicher Einsatz auf der Geschlechtskrankenstation im städtischen Luisenhospital ließ in ihr den Entschluss heranreifen, neue organisatorische Anstrengungen insbesondere im Bereich der Fürsorge zu unternehmen. So gründete sie 1899 in ihrer Heimatstadt den „Verein vom Guten Hirten", aus dem in Verbindung mit weiteren Ortsgruppen besonders in Westfalen und im Rheinland im Jahre 1907 der zentral organisierte „Katholische Fürsorgeverein für Mädchen, Frauen und Kinder" entstand. Bis zur Weimarer Republik sollten sich die Fürsorge- und Betreuungsangebote weiter ausdehnen: Gefangene und Obdachlose wurden einbezogen, Vormundschaften und Pflegschaften, Adoptionsvermittlung, Jugendgerichtshilfe und soziale Gerichtshilfe übernommen beziehungsweise vermittelt, Unterstützungen für schwangere und unverheiratete Frauen ausgebaut. Seit 1968 besteht der von Agnes Neuhaus gegründete Zentralverein als „Sozialdienst katholischer Frauen" (SkF) fort, dessen Zentrale sich in Dortmund befindet.

Die Bemühungen dieser engagierten Westfälin wurden, gerade in der Jugend- und Gefährdetenfürsorge, allmählich von gleichgesinnten, immer zahlreicher werdenden Frauen unterstützt und fortgeführt. So kam es zum Ausbau der katholischen Bahnhofsmissionen, deren erste in Deutschland 1897 am Münchner Hauptbahnhof gegründet wurde, und der ersten katholischen sozialen Frauenschule in der bayerischen Landeshauptstadt (1912). Eine weitere Wohlfahrtsschule dieses Typs folgte vier Jahre später in Köln, die 1918 nach Aachen verlegt wurde. In den Wohlfahrtsschulen wurde der soziale Bildungsauftrag der katholischen Frauenbewegung beispielhaft verwirklicht. Dadurch sollte ein Beitrag dazu geleistet werden, qualifizierte Mitarbeiterinnen im Gesundheits- und Sozialbereich auszubilden.

Das Entstehen und die Ausgestaltung des Reichsjugendwohlfahrtsgesetzes des Jahres 1924 hat Agnes Neuhaus als Zentrumsabgeordnete maßgeblich beeinflusst. Durch dieses Gesetz kam es in ganz Deutschland zu mehr als 2.000 staatlichen Jugendämtern. Agnes Neuhaus, bereits Mitglied der Deutschen Nationalversammlung 1919, wirkte von 1920 bis 1930 im Reichstag. Sie durfte erleben, wie „ihr" Fürsorgeverein während der Weimarer Republik weiter expandierte. Noch vor dem Ende des Zweiten Weltkrieges verstarb sie im westfälischen Soest.

Die eigentliche Nachfolgerin von Hedwig Dransfeld in der konfessionellen Frauenbewegung wurde Helene Weber (1881–1962), die in (Wuppertal-)Elberfeld das Licht der Welt erblickte. Sie wurde Oberlehrerin in Bochum und Köln. Der engagierten Pädagogin wurde 1916 die Leitung der soeben gegründeten Sozialen Frauenschule des Katholischen Frauenbundes in Köln (ab 1918 in Aachen) anvertraut, die katholische Sozialarbeiterinnen heranbilden sollte. Acht Jahre später folgte sie Hedwig Dransfeld im Vorsitz des Katholischen Deutschen Frauenbundes. Helene Weber wurde 1919 Mitglied der Verfassungsgebenden Nationalversammlung und zugleich Referentin im Preußischen Ministerium für Volkswohlfahrt. Ein Jahr später rückte sie zur Ministerialrätin auf und leitete fortan das Dezernat „Soziale Ausbildung und Jugendfragen". Über den Preußischen Landtag, wo sie von 1922 bis 1924 ihr Mandat wahrnahm, gelangte sie in den Reichstag. Dort wurde die tatkräftige Sozialpolitikerin des Zentrums, die auch dem Reichsfrauenbeirat ihrer Partei von 1925 bis 1933 diente, 1925 als stellvertretende Fraktionsvorsitzende gewählt. Unter den knapp 40 weiblichen Reichs- und Landtagsabgeordneten des Zentrums und der Bayerischen Volkspartei – bezogen auf den Zeitraum von 1919 bis 1933 – gewann die Lehrertochter zusehends an eigenem Profil. Dass ihr die Universität Münster 1930 das Ehrendoktorat der Staatswissenschaften verlieh, verdient Beachtung. Die Machtübernahme der Nationalsozialisten beendete jäh ihre Karriere und führte zu ihrer fristlosen Entlassung wegen „politischer Unzuverlässigkeit" aus dem Staatsdienst. Nach dem Zusammenbruch des Dritten Reiches stellte sie sich in den Dienst des Wiederaufbaus. Sie arbeitete 1946 als Mitglied des Landtages von Nordrhein-Westfalen und 1948 im Parlamentarischen Rat mit und versuchte die programmatische Arbeit der neuen Volkspartei CDU in der Sozial- und Familienpolitik mitzugestalten.

Seit der ersten Legislaturperiode wirkte Helene Weber im Deutschen Bundestag, dem sie als Mandatsträgerin bis zu ihrem Todesjahr 1962 angehörte. Sie wurde Vorsitzende des Bundesfrauenausschusses beziehungsweise der Frauenvereinigung der CDU (von 1949 bis 1958) und gehörte zudem ab 1950 der deutschen Delegation des Europarates an. Auf Wunsch von Elly Heuss-Knapp (1881–1952) wurde ihr der Vorsitz des Kuratoriums des Deutschen Müttergenesungswerkes – von 1952 bis 1959 – übertragen.

Die großen Kontinuitätslinien in der konfessionellen Frauenbewegung, der Politik und der gesellschaftlichen Öffentlichkeit zeigen sich nicht minder deutlich bei einer Weggefährtin Webers: bei der Oberlehrerin Christine Teusch (1888–1968) aus Köln, die einer Kaufmannsfamilie entstammte. Sie erlebte die große Not arbeitender Mädchen und Frauen, als sie dienstverpflichtet 1917 in Essen Munitionsarbeiterinnen betreute. Die Erfahrungen in dieser Zeit bewegten sie, sich nach dem Kriegsende intensiv um die Frauenfürsorge und um die Verbesserung der Situation der

Arbeiterinnen zu kümmern. Dass sie das Frauendezernat in der Kölner Zentrale des Gesamtverbandes der Christlichen Gewerkschaften übernahm, schlug die Brücke zum parteipolitischen Engagement. In die Verfassungsgebende Nationalversammlung gelangte sie 1919 als jüngstes Mitglied. Dem Reichstag gehörte sie als Abgeordnete des Zentrums von 1920 bis 1933 an. Die bekennende Katholikin wandte sich in ihrem sozialpolitischen Einsatz besonders den Armen, Behinderten, kinderreichen Familien, Mädchen und Frauen zu. Von 1923 bis 1965, also mehr als vier Jahrzehnte lang, leitete sie den katholischen Mädchenschutzverein; im Reichstag engagierte sie sich vor allem für den Mutterschutz, die Förderung der Familie und die weibliche Berufsausbildung. Dass das Knappschaftsgesetz und Novellen zur Reichsversicherungsordnung verabschiedet wurden, ist auch ihr zu verdanken. Christine Teusch rief „jede deutsche Frau zu einem ernsten, verantwortungsbewussten politischen Handeln" auf.[39] Während der nationalsozialistischen Herrschaft – 1936 wurde sie in den vorläufigen Ruhestand versetzt – war sie wiederholt Schikanen und Gefährdungen ausgesetzt, der geplanten Ermordung durch die Gestapo im Dortmunder Rombergpark konnte sie entkommen.

Am politischen und gesellschaftlichen Wiederaufbau Deutschlands beteiligte sich Christine Teusch aktiv, unter anderem als Landtagsabgeordnete von Nordrhein-Westfalen (1947–1966). Den Zenit ihrer Karriere erreichte sie, als ihr der nordrhein-westfälische Ministerpräsident Karl Arnold 1947 das Kultusministerium übertrug, das sie bis 1954 wahrnahm. Damit oblag es ihr, das durch die Kriegsverhältnisse zerrüttete Schulwesen an Rhein und Ruhr wieder aufzubauen. Trotz großer Anfangsschwierigkeiten gelang dies der Kultur- und Sozialpolitikerin, deren breitkrempiger Hut zu ihrem Markenzeichen wurde. Schrittweise wurden die Schulgebäude wieder errichtet, Privat- und Frauenschulen gefördert, der Religionsunterricht konnte als ordentliches Lehrfach gesichert werden. Wie weit ihr kultur- und wissenschaftspolitisches Wirken reichte, zeigte sich daran, dass sie bei der Gründung des Hochbegabtenförderungswerkes „Studienstiftung des Deutschen Volkes", des Deutschen Akademischen Austausch-Dienstes und des Europa-Kollegs in Brügge hilfreich war. Lange gehörte sie dem Präsidium des Vereins der katholischen deutschen Lehrerinnen an. Ihr umfangreiches Engagement wurde durch eine Reihe von Ehrungen ausgezeichnet: Die Universitäten in Bonn und Münster sowie die Technische Hochschule Aachen beriefen Christine Teusch zur Ehrensenatorin, die medizinischen Fakultäten in Köln und Düsseldorf verliehen ihr das Ehrendoktorat. Sie verband auf der politischen und gesellschaftlichen Bühne Deutschlands wertkonservative Haltungen mit sozialprogressiven Einstellungen, Glaubensstärke und feste Kirchenbindung bildeten die Basis für ihr Wirken.

Dass katholische Frauen zu einer nicht zu unterschätzenden Kraft im politischen Leben der Bundesrepublik Deutschland – weitaus stärker als in der Weimarer Republik – geworden sind, zeigt die ansteigende Zahl von Mandatsträgerinnen in Kommunal- und Landesparlamenten sowie im Deutschen Bundestag. Bis in die 70er Jahre des 20. Jahrhunderts hinein, insbesondere in der so genannten „Ära Adenauer", waren die Unionsparteien, die trotz ihres überkonfessionellen Anspruchs für die übergroße Mehrheit der katholischen Bevölkerung in deren Wahlverhalten an die Stelle des Zentrums getreten waren, personell oft eng mit den Organisationen der konfessionellen Frauenbewegung verzahnt. Ein wichtiges Scharnier waren der Bundesfrauenausschuss der CDU (bis 1956), dann die Frauenvereinigung (bis 1988) und danach die Frauen-Union. Aus Gründen des konfessionellen Proporzes fungierten bis ins Jahr 1969 jeweils eine Katholikin und eine Protestantin als Vorsitzende.

Die weiblichen Vereine und Verbände sahen in den Unionsparteien die beste Vertretung ihrer spezifischen Interessen. Die Führungskräfte der konfessionellen Frauenbewegung stellten ein Rekrutierungsreservoir dar, wenn es darum ging, Spitzenämter in Partei, Fraktion und Ministerialadministration mit Frauen zu besetzen. Dies zeigte sich unter anderem, als Bundeskanzler Kurt Georg Kiesinger die Duisburgerin Aenne Brauksiepe (1912–1997), stellvertretende Fraktionsvorsitzende der CDU/CSU-Bundestagsfraktion und Präsidiumsmitglied des Katholischen Deutschen Frauenbundes, in den Jahren 1968 und 1969 mit dem Bundesfamilienministerium betraute. Sie war die erste katholische Bundesministerin. Indes war die erste Frau, die überhaupt einem Bundesministerium vorstand, die Oberkirchenrätin Elisabeth Schwarzhaupt (1901–1986), die von 1947 bis 1953 im Außenamt der Evangelischen Kirche gearbeitet hatte und von 1961 bis 1966 das Ressort für Gesundheitswesen leitete.

Einen anderen Weg als die vorgenannten Frauen schlug Marianne Dirks (1913–1993) ein, die von 1951 bis 1972 die Katholische Frauengemeinschaft Deutschlands leitete und von 1968 bis 1972 Vizepräsidentin des Zentralkomitees der deutschen Katholiken war. Die vierfache Mutter engagierte sich auch als Mitglied der „Gemeinsamen Synode der deutschen Bistümer" besonders für die Belange der Laien in der Kirche. Ihr Einsatz galt ferner der umfassenden Bildung von Frauen. Die Ehe mit dem bekannten linkskatholischen Publizisten Walter Dirks (1901–1991), der gesellschaftspolitische Vorstellungen des Zusammengehens von Sozialismus und Katholizismus vertrat, trug ihr darüber hinaus öffentliche Aufmerksamkeit ein.

Schon in den 20er und 30er Jahren versuchte die katholische Journalistin Dr. Maria Grollmuss (1896–1944), Christentum und Sozialismus zu verbinden. Ihr Leben endete im Frauenkonzentrationslager Ravensbrück.

Ein gesellschaftspolitischer Paradigmenwechsel bahnte sich in der deutschen Nachkriegsgesellschaft an, welchen die folgenreiche Studentenrevolte 1968 und der Beginn der sozialliberalen Regierungskoalition auf Bundesebene 1969 – die „Ära Willy Brandt" – ankündigten. Der Katholizismus fand fortan nicht mehr so selbstverständlich wie zuvor seine politische Heimstatt in den Unionsparteien. Er öffnete sich anderen politischen Parteien, insbesondere der Sozialdemokratie, die schon mit ihrem Godesberger Programm von 1959 breitere Wählerschichten erschließen wollte, und später den Grünen. Deren 1980 gegründete Bundespartei zeigte in Teilen wertkonservative Einstellungsmuster, die ihre Ausstrahlung nicht minderten. Dies verkörperte unter anderem die katholische Fachkrankenschwester Christa Nickels, die kirchenpolitische Sprecherin der Bundestagsfraktion und von 1998 bis 2001 Parlamentarische Staatssekretärin bei der Bundesministerin für Gesundheit war. An den partiellen politischen Neuausrichtungen im Katholizismus hatten auch katholische Frauen und Teile ihres Vereinswesens Anteil. Das Zentralkomitee der deutschen Katholiken und Verbandspräsidien spiegelten in ihrer Zusammensetzung diese Veränderungen.

Der Wertewandel und die progressiv voranschreitenden Auflösungserscheinungen katholischer Milieus sowie althergebrachter Parteibindungen führten zu einer Lockerung zwischen kirchlichem und sozial- oder gesellschaftspolitischem Engagement. Dieser Prozess ist noch nicht abgeschlossen, jedoch anscheinend etwas verlangsamt. Der Rückzug ins Private und das zurückgehende ehrenamtliche Engagement machten auch vor dem Katholizismus nicht halt. Zugleich vollzog sich ein unübersehbarer Generationenwechsel in den konfessionellen Frauenverbänden – und den Unionsparteien.

Das Bild der „katholischen Frau" in der deutschen Öffentlichkeit wird zunehmend von einer Funktionselite bestimmt, die ihren Aufstieg Studium und gezielter Förderung, zum Beispiel durch das Cusanuswerk, das bischöfliche Hochbegabtenförderungswerk, verdankt. Diese Frauen arbeiten in verantwortungsvollen Positionen in Kirche und Gesellschaft, in Wissenschaft und Wirtschaft, in Bildung, Kultur und Massenmedien und sind in verschiedenen Bereichen des öffentlichen Lebens engagiert.

Die Rolle einer „katholischen Spitzenfrau" verkörper(te)n – je nach öffentlicher Wahrnehmung verschieden, nicht unumstritten in ihren kirchlichen und gesellschaftspolitischen Stellungnahmen – Persönlichkeiten wie die Konvertitin und promovierte Germanistin Dr. Hanna-Renate Laurien aus Danzig, die Pädagogin und Professorin Dr. Rita Süssmuth aus Wuppertal sowie die Erziehungswissenschaftlerin und Theologin Dr. Annette Schavan aus dem niederrheinischen Neuss. Ihnen ist gemeinsam, dass sie lange Zeit als Mitglied dem Zentralkomitee der deutschen Katholiken angehörten, politische Karriere in der CDU machten und ministerielle Würden erklommen.

Hanna-Renate Laurien, die zu den Mitbegründern der Freien Universität Berlin im Jahre 1948 gehörte, war von 1976 bis 1981 rheinland-pfälzische Kultusministerin unter dem Ministerpräsidenten Dr. Bernhard Vogel, wechselte dann, einem Ruf des neuen Regierenden Bürgermeisters Dr. Richard von Weizsäcker folgend, nach Berlin und wurde Schulsenatorin, Bürgermeisterin der Spreemetropole und Präsidentin des dortigen Abgeordnetenhauses. Immer wieder nahm sie Stellung zu „heißen Eisen" in den innerkirchlichen Diskussionen, so zum Beispiel zur Frage der Zulassung von Frauen zum Diakonat und zum Priestertum, und gehörte dem Präsidium der „Gemeinsamen Synode der Bistümer in der Bundesrepublik Deutschland" in Würzburg (1971 bis 1975) an.

Auf ein fünfjähriges Engagement als Vizepräsidentin des Familienbundes der deutschen Katholiken konnte Rita Süssmuth zurückschauen, als sie von Bundeskanzler Dr. Helmut

Kohl 1985 in sein Kabinett berufen wurde, um das Familien- und Gesundheitsressort (ab 1986 mit der Bezeichnung Ministerium für Jugend, Familie, *Frauen* und Gesundheit) zu übernehmen. Es folgte 1988 die Wahl zur Präsidentin des Deutschen Bundestages, in ein Amt, das sie bis 1998 bekleidete. Sie bekannte sich ausdrücklich „als Christin, die ihre Heimat in der katholischen Kirche hat und dieser Kirche viel verdankt".[40] Ihr gesamtes Wirken in der Gesellschaft durchzieht wie ein roter Faden das Bemühen, zu einem partnerschaftlichen Miteinander der Geschlechter auf allen Entscheidungsebenen in Kirche und Gesellschaft beizutragen. Dabei geht sie von der in ihren Augen verbindenden Überzeugung aus, „dass die Fragen des Glaubens, der Religion, der Confessio von grundlegender Bedeutung für die Menschen in jedem Gemeinwesen" sind.[41]

Nachdem Annette Schavan die Abteilung für außerschulische Bildung im Aachener Generalvikariat geleitet hatte, stand sie als erste Frau für sieben Jahre an der Spitze des Cusanuswerkes. Dann war sie von 1995 bis 2005 baden-württembergische Kultusministerin und wirkt seither als Bundesministerin für Bildung und Forschung. Bei der dritten Auflage des „Lexikons für Theologie und Kirche" war sie Fachberaterin für das Thema „Frauen in Kirche und Gesellschaft", ihr nicht nur wissenschaftliches Interesse galt dem Gewissen und der personalen Gewissensbildung. Ihr Engagement ist besonders auf den innerkirchlichen Dialog und das zukunftsweisende Zeugnis der Laien in Kirche und Welt ausgerichtet.

Öffentliches Interesse zog und zieht eine andere bekennende Katholikin auf sich: die Sozialdemokratin und Politikwissenschaftlerin Gesine Schwan, die von 1999 bis 2008 als Präsidentin die Europa-Universität Viadrina in Frankfurt an der Oder leitete. Im Jahre 2004 trat sie erfolglos als Gegenkandidatin zu Horst Köhler für die Wahl des Bundespräsidenten an. In einem Kommentar zur bekannten Regensburger Rede von Papst Benedikt XVI. am 12. September 2006 vertrat sie die These: „Die gegenwärtige Wissenschaft braucht Religion zu ihrer Befreiung.“[42]

Neben diesen im Scheinwerferlicht der Massenmedien stehenden Repräsentantinnen bestimmen zahlreiche andere katholische Frauen weitere Facetten des Bildes in der öffentlichen Wahrnehmung, wie Rita Waschbüsch, die als erste Frau dem Zentralkomitee der deutschen Katholiken von 1988 bis 2004 vorstand und überdies Sozialministerin im Saarland (1974–1977) sowie ebendort Vizepräsidentin des Landtages (1978–1994) war: Sie sind für gesellschaftliche Randgruppen engagiert, leben in geistlichen Gemeinschaften, präsentieren in Rundfunk und Fernsehen religiöse und andere Sendungen, wirken in Ländern der so genannten Dritten und Vierten Welt für Kranke und Bedürftige, geben in Familien den Glauben weiter usw. So weist das öffentliche Bild weiblichen katholischen Lebens viele Farbtönungen auf und ist in ständiger Veränderung begriffen. Es gilt auch hier, dass konfessionelle Konturen verblassen.

In Österreich

Im Vergleich zu Deutschland ergeben sich einige aufschlussreiche Unterschiede, was die Repräsentanz von Spitzenfunktionärinnen katholischer Verbände im politischen Leben Österreichs anbelangt. Im historischen Rückblick ähneln sich die Befunde bis in die Zwischenkriegszeit hinein, wie darzulegen sein wird. Die Österreichische Bischofskonferenz beschloss nach dem Ende des Zweiten Weltkrieges, dass katholische Vereine nicht wieder errichtet werden durften, und räumte der Katholischen Aktion gleichsam eine Monopolstellung hinsichtlich der Organisation des Laienapostolates ein. Die katholischen Frauen bildeten demgemäß eine Teilgliederung der

Katholischen Aktion. Bei politischer Betätigung in Verbindung mit einem Mandat, zum Beispiel im Nationalrat, also im österreichischen Abgeordnetenhaus, musste der Verzicht auf eine Funktion in der Katholischen Aktion erfolgen. Deshalb kam es quasi zu einer Trennung zwischen dem eher religiös orientierten und dem mehr politisch ausgerichteten Flügel der katholischen Frauenbewegung. Die Basis hierfür wurde auch durch die ehemalige Vorsitzende des katholischen Mädchenverbandes Frieda Mikola gelegt, indem sie die Vorläuferorganisation der politisch bestimmten Frauenbewegung der Österreichischen Volkspartei in der Steiermark begründete. Somit engagierten sich die katholischen Frauen mit politischen Ambitionen im Wesentlichen in der Österreichischen Volkspartei.

In der öffentlichen Wahrnehmung trug dies dazu bei, dass das Bild der „katholischen Frau“ mit gesellschaftlichem Profil eher durch andere Berufssparten als die politische konturiert wurde. Beispielsweise sind hier herausragende Journalistinnen wie Pia Maria Plechl (1933–1995) anzuführen. Diese, in Baden bei Wien geboren und aus einem konservativen akademischen Elternhause stammend, machte eine Medienkarriere, stieg zur stellvertretenden Chefredakteurin der angesehenen Wiener Tageszeitung „Die Presse“ auf und avancierte zur mehrfach ausgezeichneten, auf ein hohes Berufsethos achtenden „'Grande Dame' des katholischen Journalismus“.[43] Die Vorgänge in ihrer Kirche verfolgte die promovierte, passionierte und gläubige Journalistin stets mit großem publizistischem Verständnis und engagierte sich unter anderem als Mitglied des Österreichischen Synodalen Vorganges (1973–1974). In den heraufziehenden innerkirchlichen Spannungen Österreichs, die sich unter anderem aus umstrittenen Bischofsernennungen in den 80er Jahren ergaben, suchte sie öffentlich eine vermittelnde Position einzunehmen.

Mehrere Jahrzehnte leitete Herta Pammer (1905–1995) die Katholische Frauenbewegung Österreichs. Die Tochter eines

k. u. k. Kavallerieobersten heiratete 1935 den Juristen Dr. Max Pammer, der in der Zweiten Republik Österreich zum Sektionschef im Innenministerium und zum Präsidenten des Statistischen Zentralamtes aufsteigen sollte, und widmete sich als Hausfrau und Mutter ihrer Familie. Anders als ihre Zwillingsschwester Nora, welche sich in der Österreichischen Volkspartei engagierte, ein Mandat für den Wiener Landtag erhielt und Abgeordnete des Bundesrates wurde, entschied sie sich für die organisierten Katholikinnen. Als Diözesanleiterin der Katholischen Frauenbewegung der Erzdiözese Wien wurde ihr ebenfalls der Vorsitz der Gesamtorganisation angetragen, den sie von 1957 bis 1978 inne hatte. Ihr unermüdliches, unerschrockenes und selbstbewusstes Wirken, auch gegenüber Bischöfen, galt den Belangen nicht nur der katholischen Frauen, die sie in einem weltweiten Zusammenhang sah. So war es in ihrem Sinne nur konsequent, wenn sie sich für die Entwicklungshilfe – nicht nur die verbandliche und die kirchliche – engagierte und hier fast eine Rolle als Pionierin einnahm. Sie betrieb öffentlichkeitswirksame Initiativen, gewann politische Autoritäten für die Werbung zu guten Zwecken und beriet auf Einladung des damaligen Bundeskanzlers Kreisky an einem österreichischen Entwicklungshilfekonzept mit. Von 1964 bis 1982 leitete sie als Direktorin die „Koordinierungsstelle der Österreichischen Bischofskonferenz für Entwicklungsförderung". Die begeisterte Jägerin und Skifahrerin hatte einen eigenen, direkten Arbeitsstil, der Widerspruch nur schwer ertragen konnte, und schreckte sogar vor Anrufen um Mitternacht nicht zurück, um ihre Anliegen durchzusetzen. Eine solche Persönlichkeit erwarb sich auch bei Bischöfen schnell den notwendigen Respekt. Zum Andenken an die ehemalige Vorsitzende und ihr großes entwicklungspolitisches Wirken vergibt die kfbö seit 1997 alle zwei Jahre den Herta Pammer-Preis zum Thema „Frauen und Entwicklung".

Auch Eva Petrik (1931–2007) prägte das kirchliche und gesellschaftliche Leben mit. Die gebürtige Grazerin, die in Wien aufwuchs, engagierte sich ehrenamtlich seit den frühen 50er Jahren in verschiedenen Funktionen. 1993 war die Präsidentin der Katholischen Aktion Österreichs (1991–97) entscheidend am „Lichtermeer gegen Fremdenfeindlichkeit" beteiligt. Auf politischer Ebene war sie Abgeordnete der Österreichischen Volkspartei im Wiener Landtag und Gemeinderätin (1983–91) sowie Vorsitzende des Wiener Gemeinderates. Sie hatte weitere Ämter inne: 1974 und 1983 dasjenige der stellvertretenden Vorsitzenden der Österreichischen Katholikentage, von 1988 bis 1994 dasjenige der Präsidentin der „Bundesarbeitsgemeinschaft für katholische Erwachsenenbildung". Ebenso gehörte sie dem Vorstand des „Koordinierungsausschusses für christlich-jüdische Zusammenarbeit" an.

Nicht nur Pia Maria Plechl, Herta Pammer und Eva Petrik sind als herausragende weibliche Persönlichkeiten des Katholizismus erwähnenswert, zumal die Erinnerung an bedeutende katholische Politikerinnen der Ersten Republik Österreich noch immer lebendig ist, die aus der konfessionellen Frauenbewegung kamen. Zu ihnen zählen die vier Nationalrätinnen Dr. Hildegard Burjan (1883–1933), Olga Rudel-Zeynek (1871–1948), Aloisia Schirmer (1878–1951) und Emma Kapral (1877–1969), die alle der Christlichsozialen Partei angehörten. Hildegard Burjan, die aus der Katholischen Frauenorganisation Niederösterreich hervorgegangen war, zog bei den Wahlen im Frühjahr 1919 als einzige weibliche Abgeordnete der Christlichsozialen Partei in die Konstituierende Nationalversammlung Deutschösterreichs ein. Der Verein „Frauenrecht", der die frauenpolitischen Richtlinien dieser Partei entworfen hatte, ging auf die jüdische Konvertitin zurück. Diese forderte die gleiche Entlohnung von Frauen und Männern und einen umfassenden Arbeiterinnenschutz. So wurde sie zur Leitgestalt der katholischen Arbeiterinnenbewegung. Der Name Burjans ist verbunden mit dem österreichischen Heimarbeitergesetz, die zu dessen Wegbereiterinnen – gerade auch aufgrund ihres organisatorischen Einsatzes für die christlichen Heimarbeiterinnen und weiblichen Berufstätigen vor und während des Ersten Weltkrieges – zählt, und ihrer Gründung der sozialkaritativen Schwesterngemeinschaft „Caritas Socialis“.

Die erste Frau, die mit dem Vorsitz des Bundesrates 1927/28 im Österreich der Zwischenkriegszeit die höchste politische Funktion bekleidete und damit auch weltweit als erste Parlamentspräsidentin fungierte, war Olga Rudel-Zeynek. Die geschiedene Journalistin, die über ihre Mitarbeit in der Katholischen Frauenorganisation Steiermark zur Politik fand, gelangte, Hildegard Burjan nachfolgend, bei den Nationalratswahlen im Herbst 1920 ins Parlament. Auf ihre Initiative hin wurde der Anspruch von Frauen auf Unterhalt gegenüber zahlungsunwilligen Vätern 1925 gesetzlich verankert. Als sie aus dem Nationalrat ausschied, wurde sie 1927 vom Landtag wieder in den Bundesrat gewählt und übernahm dessen Vorsitz erneut im Jahre 1932. Ihr Nachfolger als Bundesratsvorsitzender, der Tiroler Richard Steidle, bekundete öffentlich: „Wenn es eines Beweises für die Eignung der Frau zu solch öffentlicher Würde bedurft hätte, unsere Kollegin Frau Rudel-Zeynek hat ihn erbracht.“[44] Keine andere Frau hatte in den zwei Jahrzehnten der Zwischenkriegszeit ein höheres politisches Amt als dieses inne.

Ebenfalls eine politische Karriere machte die wegen ihrer seltenen Wortmeldungen als „stille Abgeordnete“ bezeichnete Wiener Näherin Aloisia Schirmer, die auf Burjan als Vorsitzende des Verbandes der christlichen Heimarbeiterinnen folgte und auch in dem von ihr gegründeten Verein „Frauenrecht“ mitarbeitete. Sie war von 1921 bis 1923 christlichsoziale Nationalratsabgeordnete.

Des Weiteren ist die unverheiratete Wiener Lehrerin und Hauptschuldirektorin Emma Kapral anzuführen. Seit dem

Beginn der Ersten Republik betrieb sie Parteipolitik, widmete sich sozial- und bildungspolitischen Fragen und erkämpfte sich als Präsidentin des Ersten Vereines katholischer Lehrerinnen 1930 ein Reststimmenmandat im Nationalrat. Als Vizepräsidentin der Katholischen Frauenorganisation Wien begrüßte Emma Kapral wie andere politisch organisierte Katholikinnen die Ausschaltung des Nationalrates im März 1933 und erwartete „viel Positives" vom autoritären christlichen Ständestaat.[45]

Frauen wie die vier soeben vorgestellten verkörpern einen „katholischen Politikerinnentypus" auf Bundes- und Landesebene der Ersten Republik, den es in der Zweiten Republik nicht mehr gibt – und geben kann. Das gesellschaftspolitische und öffentlichkeitswirksame Profil katholischer Frauen hat dadurch in Österreich an Konturen und Gehalt offensichtlich eingebüßt, doch hat die gelöste Verzahnung von organisiertem Frauenkatholizismus und eindeutigem parteipolitischem Engagement zugleich der Kirche neue Handlungsspielräume geschaffen.

In der Schweiz

Bekanntlich ist die Eidgenossenschaft durch ihre spezifische Kantonalverfassung, die Präsenz mehrerer christlicher Konfessionen und Sprachgruppen mit den entsprechenden Mentalitäts- und Kommunikationsimplikationen im gesellschaftlichen Raum charakterisiert, was es in diesem Zusammenhang zu beachten gilt. Dadurch, dass das Stimm- und Wahlrecht der Frauen wesentlich später als in Deutschland und Österreich, nämlich wie erwähnt 1971, eingeführt wurde, erhielt die öffentlich-politische Wirksamkeit katholischer Frauen in der Schweiz eine andere Dimension als in den beiden deutschsprachigen Nachbarländern.

Fest verwurzelt im familiären Leben war Lina Beck-Meyenberger (1892–1988), als ihr das Amt der SKF-Zentralpräsidentin übertragen wurde. Damals, im Jahre 1941, tobte noch heftig der Zweite Weltkrieg in Europa, doch die Auswirkungen waren bis in die inneren Landesteile des neutralen Staates zu spüren. Die selbstbewusste Arzttochter aus Wil hatte das Zuger Lehrerinnenseminar in Menzingen besucht. Im Jahre 1916 hatte sie den promovierten Juristen Julius Beck (1884–1981) geheiratet, der als Surseer Grossrat und Stadtpräsident sowie als Luzerner Grossrat (Präsident 1929) ein bekannter Lokal- und Regionalpolitiker war. Aus der Ehe gingen zwei Töchter hervor. Lina Beck-Meyenberger wie ihrer Familie kam es sehr entgegen, dass Luzern der Sitz des Schweizerischen Katholischen Frauenbundes war. So konnte sie Repräsentationspflichten für den Verband leichter nachkommen, zu denen internationale Aufgaben als Schweizer Vertreterin in der „Weltunion der Katholischen Frauenorganisationen" (UMOFC), später auch in der UNESCO-Kommission ihres Landes hinzukamen. Ihr Auftreten war sehr konventionell und standesbewusst, mit Hut und Handschuhen, doch sicher und gewinnend. Die Nähe zum Episkopat und zur Politik, auch über die einflussreiche Familie ihres Ehemannes, und namentlich zur „Schweizerischen Konservativen Volkspartei" erleichterte es ihr, an der Spitze des Verbandes zu wirken, diesen im katholischen Machtgeflecht noch stärker zur Geltung zu bringen und die Anliegen der Frauen zielstrebig zu verfolgen. Sie führte – wie ihre Vorgängerinnen ehrenamtlich – den Frauenbund nach innen wie nach außen mit Autorität und war „die letzte Präsidentin, die den SKF im Stile eines Damenkomitees leitete".[46] Eine wichtige Mitarbeiterin im Verband war eine Cousine ihres Ehemannes, Hilde Vérène Borsinger, die 1929 mit einer juristischen Dissertation über die „Rechtsstellung der Frau in der katholischen Kirche" an der Universität Zürich promoviert wurde, 1933 die Schriftleitung der Zeitschrift „Die katholische Schweizerin" übernahm und in ihrem Habitus – mit Kurzhaarfrisur, Männerjacke und Krawatte – den Typ der katholischen Intellektuellen verkörperte. Im Jahre 1942 gelang es ihr nicht, die Karmeliterin Edith Stein, mit der sie befreundet war, vor der Deportation zu retten.

Während der Präsidentschaft von Lina Beck-Meyenberger wurden die sozialkaritativen und die Bildungsangebote des Verbandes ausgebaut, dessen Zustimmung zum Frauenwahlrecht vorbereitet und die Weichen für ein ökumenisches Zusammenwirken mit anderen konfessionellen Organisationen gestellt – bemerkenswerterweise einige Jahre vor dem Zweiten Vatikanischen Konzil. Schon vor der erwähnten Initiative der konfessionellen Frauenverbände, die sich zu gemeinsamen Gebeten und Gottesdiensten auf der 2. Frauengewerbeausstellung SAFFA in Zürich 1958 – die reformierte Theologin Doris Brodbeck sieht hier „den Geburtsort der ökumenischen Frauenbewegung"[47] – zusammenfanden und in der Folgezeit auch Tagungen in Kooperation durchführten, wurde das interkonfessionelle Projekt „Das Christentum im Wirken der Frau" beim Dritten Schweizerischen Frauenkongress in Zürich im September 1946 veranstaltet. Die konfessionellen Frauenverbände entschlossen sich zu einem gemeinsamen Auftreten; unter den Referentinnen waren Dr. Hilde Vérène Borsinger, die reformierte Theologin Dr. Marga Bührig (1915–2002), die Basler Pfarrhelferin Marianne Kappeler (1905–1994) und die Zürcher Schriftstellerin Dr. Esther Odermatt (1878–1966). Die Schlussredaktion des Berichtes über die Vortragsreihe und das Studienprojekt lag in den Händen von Maria Trüeb-Müller (1901–1995), der seit 1934 amtierenden SKF-Vizepräsidentin, die „für katholische und protestantische Vertreterinnen des Christentums eine gemeinsame Linie des

Arbeitens, ein gegenseitiges Verstehen und Achten bei voller Wahrung der Eigenart" hervorhob.[48] Die Resolution der Studiengruppe enthielt die zentrale Aussage: „Wir lehnen jedes Recht des Menschen ab, aus irgendeinem medizinischen, rassehygienischen, sozialen oder humanen Grund Menschenleben zu vernichten."[49]

Dass diese interkonfessionellen Initiativen verwirklicht werden konnten, war Lina Beck-Meyenberger mit zu verdanken, deren ökumenisches Engagement wohl mit ihren Eindrücken und Erfahrungen während eines früheren zweijährigen Aufenthaltes in Griechenland zusammenhing. Insofern verwundert es nicht, wenn sie die Wahrnehmung von Frauen in Spitzenpositionen nicht nur in der katholischen Öffentlichkeit der Schweiz positiv beeinflusste und Wertschätzung über Konfessionsgrenzen hinaus genoss.

Auch in der Eidgenossenschaft gingen Politikerinnen aus der organisierten konfessionellen Frauenbewegung hervor und bestimmten das Bild der katholischen Frau im öffentlichen Leben mit. Zum Beispiel gilt dies für die 1946 promovierte Juristin und Anwältin Elisabeth Blunschy-Steiner, die 1922 in Schwyz geboren wurde und in Lausanne zweisprachig aufwuchs. Die gewandte Akademikerin und mehrfache Mutter schien dem Schweizerischen Katholischen Frauenbund bestens geeignet, in der sich anbahnenden gesellschaftlichen und kirchlichen Umbruchzeit den Verband in „sicheres Fahrwasser" zu geleiten. Als Zentralpräsidentin fungierte sie von 1957 bis 1961, die anders als ihre Vorgängerinnen ohne Hut und Handschuhe auftrat. Ihr Amt gab sie aus familiären Gründen auf. Die 1947 geschlossene Heirat mit dem Rechtsanwalt Dr. Alfred Blunschy (1921–1972), der zu einem führenden Mitglied der christlichsozialen Partei und der christlichsozialen Bewegung im Kanton Schwyz wurde und unter anderem das Amt des Präsidenten des dortigen Kantonsrates (1958–1959) bekleidete, trug wohl dazu bei, dass ihr nach dem Aufstieg an die Verbandsspitze eine glänzende Karriere in der Politik gelang. Interessanterweise absolvierten beide den Theologiekurs für katholische Laien und erhielten die Missio canonica.

Das politische Engagement war schon im Elternhaus der späteren Zentralpräsidentin des Frauenverbandes vorgegeben. Die Tochter des Schwyzer Nationalrates Hans Steiner zählte Jahrzehnte später zu den Nationalrätinnen der ersten Stunde und krönte ihre politische Laufbahn im Jahre 1977 mit dem Amt der Nationalratspräsidentin der Schweiz; sie war die erste Frau überhaupt, welche dieses Amt bekleidete. Dreimal wurde sie wieder gewählt und trat nach vier Amtsperioden aus dem Nationalrat zurück. Das eng miteinander verzahnte Engagement in Politik und Kirche zeigte sich darin, dass sie von 1971 bis 1987 christlichsoziale, dann CVP-Nationalrätin war und zugleich von 1978 bis 1987 das Amt der Präsidentin der Caritas Schweiz wahrnahm. Die Tätigkeit an der Verbandsspitze ebnete Elisabeth Blunschy-Steiner nach eigenem Bekunden den Weg in die Politik. Die Christlichdemokratische Volkspartei war ihre geschätzte politische Heimat. Ihr sozialkaritativer und gesellschaftspolitischer Einsatz galt besonders der Entwicklungszusammenarbeit, einer menschenwürdigen Asylpolitik und der Reform des Familienrechts, wobei sie auf die Besserstellung der Kinder und die Reform des Adoptionsrechtes achtete. Bei der Revision des Eherechtes engagierte sie sich für eine Korrektur des Güterrechtes, um die Diskriminierung von Frauen zu vermeiden. Gestützt auf ihren Glauben trat sie für den unbedingten Schutz des werdenden Lebens, umfassende Hilfsangebote bei Schwangerschaften und für junge Mütter und Familien ein. Die Theologische Fakultät Luzern zeichnete sie für ihr weit über die katholische Kirche und die Schweiz hinausreichendes Wirken 1982 mit dem Ehrendoktorat aus.

In Luxemburg

Zu den bekanntesten katholischen Politikerinnen Luxemburgs zählen Lydie Schmit (1939–1988) und Madeleine Frieden-Kinnen (1915–1999). Diese, die 1953 die christlich-soziale Frauenorganisation gegründet hatte, trat 1967 in die Regierung ein und war die erste Ministerin der Luxemburger Geschichte. Sie stand von 1968 bis 1972 neben dem Familienministerium auch dem Kulturressort vor und setzte sich besonders für Frauenbelange ein, wie z. B. die Vereinbarkeit von Beruf und Familie. Lydie Schmit war Vizepräsidentin der Sozialistischen Internationale (1980–1984) und Mitglied des Europäischen Parlaments (1984–1988).

5. Zur Gleichstellung der Frau in der Kirche

Das Zu- und Miteinander von Mann und Frau ist im biblischen Schöpfungsbericht grundgelegt, der die Gottebenbildlichkeit beider zum Ausdruck bringt. Es bedurfte eines langen Weges, um von dieser alttestamentlichen Grundlegung des Verhältnisses der Geschlechter, der damit implizierten Gleichwertigkeit von Mann und Frau sowie von den ergänzenden neutestamentlichen Aussagen zur kanonisch klar fixierten Gleichstellung in der Kirche zu gelangen, was hier nicht im Einzelnen dargelegt werden kann. Diesen Wandel hat das Zweite Vatikanische Konzil bewirkt, das mehrfach die theologisch begründete Gleichheit von Mann und Frau herausgestellt hat, zum Beispiel in der Konstitution „Lumen gentium" (32): „Es ist also in Christus und in der Kirche keine Ungleichheit aufgrund von Rasse und Volkszugehörigkeit, sozialer Stellung oder Geschlecht …" Die Pastoralkonstitution „Gaudium et spes" (29) betont „die grundlegende Gleichheit aller Menschen", was nicht im Sinne einer Nivellierung geschlechtlicher Differenzen zu verstehen ist, und verwirft jedwede Diskriminierung von Frauen, „da sie dem Plan Gottes widerspricht". Es ist an sich schon eine bemerkenswerte Tatsache, dass das Zweite Vatikanische Konzil am 8. Dezember 1965 eine eigene Botschaft an die Frauen richtete. Im Rückblick treffen die Konzilsväter die folgende, wohl nicht ungeteilte Zustimmung findende Feststellung: „Die Kirche ist … stolz darauf, dass sie die Frau erhoben und befreit hat und ihre grundsätzliche Gleichheit mit dem Mann … im Lauf der Jahrhunderte hat aufstrahlen lassen."[50] Sie fahren fort: „Aber es kommt die Stunde, und sie ist schon da, in der sich die Berufung der Frau in ihrer Fülle vollendet, die Stunde, in der die Frau in der Gesellschaft einen Einfluss, eine Entfaltung, eine Macht erwirbt, die sie bis jetzt noch nie erreicht hat."[51] Gleichwohl mag bedauert werden, dass nicht ein eigenes Konzilsdokument zu den Frauen zustande kam. Am 12. März 2000 bat Papst Johannes Paul II. um Vergebung für die Fehler von Christen in der Geschichte. In einer der sieben Vergebungsbitten wurde Bezug auf die „Würde der Frau und die Einheit des Menschengeschlechtes" genommen. Es wurde für alle gebetet, „die in ihrer menschlichen Würde verletzt und deren Rechte unterdrückt wurden", sowie besonders für Frauen, „die allzu oft erniedrigt und ausgegrenzt werden".

Nach dem Regensburger Dogmatiker Wolfgang Beinert ist die Gleichstellung von Mann und Frau im Christentum sogar „von geradezu sakramentaler Bedeutung".[52] Diesbezüglich weist die Kanonistin Sabine Demel aus Regensburg der Kirche „als zentrale Aufgabe" zu, „eben dieser Welt vorzuleben, dass sie ein beispielhafter, ja mustergültiger Ort ist, wo Männer und Frauen (bereits) gleichberechtigt und partnerschaftlich leben und wirken."[53]

Wie immer das Verhältnis der Geschlechter im katholischen Christentum beurteilt werden mag, dürfte nicht zu bestreiten sein, dass das 20. Jahrhundert die diesbezüglich eigentliche Zäsur in der Kirchen- und kirchlichen Rechtsgeschichte darstellt – sowohl weltweit als auch auf den deutschen Sprachraum bezogen.

Bis zum Beginn des Zweiten Vatikanischen Konzils waren die päpstlichen und sonstigen lehramtlichen Stellungnahmen von einem Leitbild bestimmt, das „die These von der komplementären Polarität der Geschlechter" prägte.[54] Demnach kommen Mann und Frau spezifische, unverwechselbare und unübertragbare Eigenarten und Aufgaben zu, die einander ergänzen. Die Komplementarität konnte jedoch in Subordination umschlagen, wenn die Rolle weiblichen Lebens ausschließlich auf die häusliche Gemeinschaft, die Ehe und Familie bezogen und die volle Selbstverwirklichung der Frau entweder in der Mutterschaft oder der Berufung zur Ordensfrau gesehen wurde. Bildlich gesprochen sah die Enzyklika *Casti connubii* Pius' XI. vom 31. Dezember 1930 den Mann als „Haupt" und die Frau als „Herz" der Familie und ging noch von der „Unterordnung der Gattin unter dem Gatten" aus.[55] Während ihm „das Vorrecht der Leitung" zukam, sollte sie „den Vorrang der Liebe" innehaben.[56]

Freilich wurde es zusehends schwieriger, tradierte Vorstellungen, die an idealisierten Sichtweisen familiären Lebens auf dem Lande, an einem überhöhten Frauenideal oder einer allein dienenden, untergeordneten Frauenrolle ausgerichtet waren, einer sich rasch wandelnden Gesellschaft in den Industriestaaten der nördlichen Erdhalbkugel zu vermitteln. Dies galt auch für den deutschen Sprachraum, der von dem Miteinander, zuweilen Gegeneinander zweier großer Konfessionen geprägt war. Im Gefolge des Zweiten Vatikanischen Konzils kam es in Deutschland, Österreich und der Schweiz zu Synoden, in denen sich der neue Stil des Umgangs von Klerikern und Laien für die Kirche ausdrückte und sich die konziliar geweckte Aufbruchstimmung niederschlug. Die Stellung der Frauen und ihre Mitwirkungsmöglichkeiten am kirchlichen und gesellschaftlichen Gestaltungsauftrag gehörten zum Spektrum der teilweise sehr engagiert behandelten Themen. Ein besonderer Diskussionspunkt war die Frage nach dem Diakonat der Frau. Hier machte sich die Würzburger Synode ein Votum zu eigen, welches den Papst bat, Frauen zur Diakonatsweihe zuzulassen. Dieses Votum wurde nicht positiv beschieden.

Wie der Tübinger Kirchenrechtler Richard Puza hervorhebt, ist der „Grundsatz der Gleichheit von Mann und Frau … auf der Ebene der Gleichheit aller Gläubigen verwirklicht, nicht jedoch auf der Ebene der ekklesial-sakramentalen Aufgaben".[57] Der vergleichende Blick in die kirchlichen Gesetzbücher von 1917 und 1983 zeigt, wo die neue, theologisch begründete Sicht der Frau im Zuge des Zweiten Vatikanischen Konzils zu kirchenrechtlichen Folgen und Weiterungen geführt hat. Der alte Codex iuris canonici ergab sich aus der jahrhundertealten, wesentlich bis weit ins Mittelalter – und im Blick auf das Verhältnis der Geschlechter und die Stellung der Frau in der Kirche noch länger – zurückreichenden kanonistischen Entwicklung. Dies gilt es zu beachten, wenn der neu überarbeitete Codex iuris canonici in der postkonziliaren Ära herangezogen wird. Im Allgemeinen erweitert dieser beträchtlich die weiblichen Mitwirkungsmöglichkeiten – wohlgemerkt bezogen auf den Stand von 1917. Die Mainzer Kirchenrechtlerin Ilona Riedel-Spangenberger merkte hierzu an: „Jede Frau hat teil an der priesterlichen, prophetischen und königlichen Aufgabe Christi in der jedem Laien in der Kirche eigenen Weise."[58]

Nach c. 208 des Codex iuris canonici von 1983 besteht unter den Gläubigen „eine wahre Gleichheit in ihrer Würde und Tätigkeit". Im liturgischen Bereich können Frauen – wie Männer – als Laien gottesdienstliche Aufgaben übernehmen, zu denen die Lesung, die Spendung der Kommunion, die Leitung von Gebeten und der Ministrantendienst zählen. Ferner ist ihnen unter bestimmten Voraussetzungen gestattet zu predigen, das Sakrament der Taufe und einige Sakramentalien wie das Aschenkreuz zu spenden, die Beerdigungen vorzunehmen und der Eheschließung zu assistieren. Auch außerhalb der Liturgie haben sich die möglichen weiblichen Einsatzfelder im Vergleich zum Codex iuris canonici von 1917 stark vergrößert. So können Frauen – wie überhaupt jeder Laie – leitende Funktionen in einem Generalvikariat, einem Hilfswerk, einem Katholischen Büro oder einer Akademie übernehmen und Katechetin, Religionslehrerin oder

Theologieprofessorin werden. Weitere neue Aufgabenbereiche sind im Bereich der kirchlichen Gerichtsbarkeit möglich. Zu nennen sind die Ämter der erkennenden Richterin in einem Richterkollegium, der Beisitzerin oder der Vernehmungsrichterin, der Kirchenanwältin oder Ehebandverteidigerin. Ebenfalls in der kirchlichen Vermögensverwaltung ergaben sich Tätigkeitsbereiche für Frauen. Diese können in Gremien wie dem Pfarrgemeinderat und dem Kirchenvorstand, bei synodalen und konziliaren Zusammenkünften mitwirken sowie in der Pfarrseelsorge mitarbeiten.

Erfreulicherweise blieben all diese neuen kirchenrechtlichen Tätigkeitsperspektiven nicht nur auf dem Papier stehen. Nachdem der Codex iuris canonici 1983 promulgiert worden war, haben Frauen von den ihnen eingeräumten Möglichkeiten in der Kirche Gebrauch gemacht – und dies in steigendem Maße. Freilich begegnen Frauen wohl relativ selten in kirchlichen Führungspositionen (wobei zu berücksichtigen ist, dass ein Teil dieser Funktionen aus dogmatisch-strukturellen Gründen Priestern beziehungsweise Bischöfen vorbehalten ist), so im Schulwesen, Akademiebereich, in Caritaseinrichtungen, Medien (Kirchenzeitungen, Pressestellen, Verlagswesen usw.), in bischöflichen Ordinariaten, im Sekretariat der Deutschen Bischofskonferenz und an katholisch-theologischen Fakultäten. Verlässliche statistische beziehungsweise pastoralsoziologische Erhebungen, die ein Gesamtbild zeichnen können, fehlen indes.[59]

Die wünschenswerte partnerschaftliche Zusammenarbeit zwischen Männern und Frauen in kirchlichen Leitungspositionen ist somit vielfach – allein schon aus quantitativen Gründen – eher eine Randerscheinung. Sicherlich sind Bemühungen von seiten der Kirche als Arbeitgeber vonnöten, die Vereinbarkeit von Familie und Beruf umfassend zu fördern – über das bisherige Maß hinaus – und so beispielgebend in der Gesellschaft zu wirken. Jedenfalls betonte jüngst der Berliner

Kardinalerzbischof Georg Sterzinsky, welcher der Unterkommission „Frauen in Kirche und Gesellschaft" der Pastoralkommission der Deutschen Bischofskonferenz vorsteht, das Anliegen, „den Anteil von Frauen in verantwortlichen Positionen der Kirche zu erhöhen".[60]

Weiterhin verschlossen bleiben Frauen Ämter mit Weihecharakter. Nach dem Codex iuris canonici von 1983 kann nur ein getaufter Mann in gültiger Weise geweiht werden (c. 1024). Folglich sind Frauen von allen sakramentalen Weihen ausgeschlossen, das heißt von den Weihen des Episkopats, des Presbyterats und des Diakonats – trotz immer wieder erhobener Bitten und Eingaben. Hinsichtlich der Priesterweihe hat Papst Johannes Paul II. 1994 in dem Apostolischen Schreiben *Ordinatio sacerdotalis* nochmals bekräftigt, dass die Kirche nicht bevollmächtigt ist, Frauen hierzu zuzulassen. Dieses Schreiben – wie schon die Stellungnahme *Inter insigniores* der Glaubenskongregation aus dem Jahre 1976 – hat im ökumenischen Dialog und insbesondere im deutschsprachigen Raum ein lebhaftes, überwiegend negatives publizistisches Echo gefunden.

Den Hoffnungen, die auf eine Änderung des kirchlichen Lehramtes zumindest in der Frage der Zulassung von Frauen zum Diakonat zielten, war sicherlich abträglich, dass am 29. Juni 2002 in einer Aufsehen erregenden Zeremonie sieben Frauen aus Deutschland, Österreich und den USA von dem exkommunizierten „katholisch-charismatischen Erzbischof" Romulo Antonio Braschi die „Priesterweihe gespendet" wurde. Der Ort für das medial inszenierte Spektakel war ein Donauschiff, auf welchem „der Ritus der Priesterweihe" zwischen Passau und Linz vorgenommen wurde. Am 27. März 2003 empfingen außerdem zwei dieser „Priesterinnen" die „Bischofsweihe". Die Exkommunikation hatte zuvor schon jede „Priesterin" getroffen. Solche „Weiheaktionen" dienen sicherlich nicht der Sache der Frauen in der

Kirche, sondern sind in ihrer binnenkatholischen Wirkung eher verheerend.

Um die Anliegen von Frauen in der Kirche zu unterstützen und die Entfaltung ihrer Charismen im Leben des Volkes Gottes zu fördern, sind über Gremien und Arbeitsstellen für Frauenseelsorge im Rahmen der Bischofskonferenzen hinaus diözesane Frauenkommissionen, zum Beispiel im Erzbistum München seit 1993 und im Bistum Münster seit 2000, und Frauenforen in den bischöflichen Ordinariaten eingerichtet worden.[61] Hin und wieder gibt es in Bistümern Frauenbeauftragte oder Gleichstellungsbeauftragte und qualifizierende Fort- und Weiterbildungsprogramme zur Frauenförderung. In fast allen österreichischen Diözesen bestehen Frauenkommissionen. In der Diözese Linz initiierte die jeweils für drei Jahre errichtete Frauenkommission beispielsweise einen Prozess zur Gleichstellung von Frauen und Männern („Equality-Leitbild"). 1997 wurde eine jeweils für fünf Jahre amtierende „Diözesane Frauenkommission" als Beratungsgremium des Graz-Seckauer Bischofs eingerichtet, „um die Gleichbehandlung und die Gleichberechtigung von Frauen im diözesanen Bereich, wo Laien haupt- und ehrenamtlich tätig sein können, zu fördern", wie es im diesbezüglichen Statut heißt.

In Österreich fand auch die interkonfessionelle „Erste Europäische Frauensynode" 1996 statt, und zwar in Gmunden. Mehr als 1.000 Frauen forderten dort das Ende jeglicher Diskriminierung und die volle Teilhabe an Entscheidungsprozessen. Die „Zweite Europäische Frauensynode", abgehalten 2003 in Barcelona, stand im Zeichen der interreligiösen Begegnung und sprach sich für ein multikulturelles, frauengerechtes Europa aus.

In der Schweiz wurde bereits 1989 die Kommission „Frauen in der Kirche" (KFK) als Beratungsorgan der Schweizer Bischofskonferenz (SBK) für Fragen ins Leben gerufen, welche die Stellung und den Auftrag der Frauen in der Kirche betreffen. Im Rahmen der Reorganisation ihrer Strukturen und aufgrund vorangegangener Spannungen zwischen SBK und KFK ersetzten die Bischöfe im Juni 2006 die Frauenkommission durch einen Frauenrat. Aufgabe des siebenköpfigen Gremiums, welchem Mitglieder der bisherigen Frauenkommission sowie Vertreter der SBK und der Sekretär der Frauenkommission angehören, ist es, „für anstehende Entscheidungen der Bischofskonferenz aus Sicht der Frauen Anregungen und Argumente einzubringen".[62] Für die Arbeitsweise des auf vier Jahre bestimmten Frauenrates gibt es kein Statut, zumal der delegierte Verantwortliche der SBK sich vor den Sitzungen der Bischofskonferenz mit dem Frauenrat trifft und ausgewählte anstehende Traktanden vertraulich diskutiert, um in der nachfolgenden Zusammenkunft der Bischöfe die Ansichten des Frauenrates zur Sprache zu bringen.

Im Erzbistum Luxemburg konstituierte sich 2001 die jeweils für fünf Jahre amtierende Diözesankommission „Fra an der Kierch", welche den Erzbischof ständig beraten soll. Gemäß dem Statut tritt sie für die Gleichwertigkeit, Gleichberechtigung und Komplementarität von Frauen und Männern ein. Eines der ersten und wichtigsten realisierten Projekte war es, die Einsetzung einer Frauenbeauftragten in der Erzdiözese Luxemburg zu ermöglichen. Im Übrigen entsprachen diese Initiativen der Vergebungsbitte der luxemburgischen Ortskirche im Rahmen des Jubiläumsjahres 2000, „Frauen in ihrer Verantwortung in größerem Maße ernst zu nehmen".[63]

6. Frauen in Orden und Kongregationen

Kontinuitäten und Neuanfänge im 19. Jahrhundert

Seit den Anfängen des asketischen Lebens im Christentum fühlten sich Frauen und Männer berufen, ein gottgeweihtes Leben eremitisch oder in Gemeinschaft zu führen. Im Mittelalter entfaltete sich das Ordenswesen facettenreich; klassische Ausprägungen fand dieses unter anderem in den schwerpunktmäßig kontemplativ ausgerichteten Abteien der Benediktinerinnen und Zisterzienserinnen sowie in den Bettelorden der Dominikanerinnen und Franziskanerinnen (und ihren Zweigen). Die frühe Neuzeit brachte eine weitere Differenzierung des weiblichen Ordenswesens mit dem Blick auf die systematische Mädchenbildung (wie Ursulinen, Englische Fräulein) und die Krankenpflege (wie Elisabethinen). Nachdem dieses weibliche Ordenswesen Einbußen an Ausstrahlung und Besitz sowie deutliche zahlenmäßige Rückgänge zu verzeichnen hatte – infolge von Aufklärung, Französischer Revolution und Säkularisierungsschüben, wie zum Beispiel durch den Josephinismus mit seinen staatskirchlichen Maßnahmen in Österreich –, kam es vereinzelt schon in den ersten Jahrzehnten des 19. Jahrhunderts und dann ganz massiv in dessen zweiter Hälfte zu einer dynamischen Revitalisierung des religiösen Gemeinschaftslebens.

Die Aufschwünge des traditionellen Ordenswesens begleitete eine immer stärker Gestalt gewinnende Organisationsform, die in den Terziaren-Bewegungen des 13. und 14. Jahrhunderts – den so genannten „Dritten Orden" für Laien – wurzelte und neue Elemente gemäß den Erfordernissen der damaligen Zeit aufnahm: die Kongregation. Deren Rechtsform fand die ausdrückliche Billigung von Papst Gregor XVI. (1831–1846) im Jahre 1834, der selbst das Werk der Gründerin und Generaloberin der 1800 in Paris gegründeten „Schwestern vom Heiligsten Herzen Jesu“, Sophie (Madeleine) Barat (1779–1865), mit Wohlwollen begleitete. Wenn in der Geschichtswissenschaft und jüngeren Kirchengeschichtsschreibung hierfür der „geschlechtsneutrale“ Begriff „Ordensfrühling“ benutzt wird, bedarf es einer Präzisierung. Angesichts des gewaltigen Neuaufbruchs, der Entstehung gerade zahlreicher neuer katholischer Frauengemeinschaften in diesem Zeitraum und in vielen Ländern Europas, darunter auch in den deutschsprachigen, ist der Berliner Historikerin Relinde Meiwes zuzustimmen, wenn sie in ihrer Dissertation aus der „Genderperspektive“ das Phänomen als „Frauenkongregationsfrühling“ bezeichnet.

Zunächst entstanden weibliche Kongregationen vor allem in Frankreich, darunter diejenige 1835 der von Euphrasia (Rose Virginie) Pelletier (1796–1868) gestifteten „Guten Hirtinnen“ in Angers, die sich weltweit ausbreiteten. Mit einer neuen „Pädagogik“ der Liebe und Geborgenheit statt Prügel und Zwangsunterbringung kümmerten sie sich um Frauen und Mädchen aus desolaten sozialen Verhältnissen. Die erste Niederlassung entstand 1838 in Rom, danach unter anderem in München (1840), Aachen (1848) und Graz (1858). Eine bekannte Angehörige dieser Kongregation war die 1975 selig gesprochene westfälische Adelige Maria Droste zu Vischering (1863–1899), die als Oberin im portugiesischen Porto diente.

Im deutschen Sprachraum wurde die Anziehungskraft weiblicher Genossenschaften teilweise in Publizistik und Literatur gefördert, so durch den Konvertiten Clemens Brentano (1778–1842), der 1831 das Werk „Die Barmherzigen Schwestern“ verfasste. Dies trug zu deren Einwurzelung in den deutschsprachigen Ländern bei. Zu den ersten weiblichen Genossenschaften im Deutschland des 19. Jahrhunderts gehörten die so genannten Clemensschwestern, die der Kapitularvikar und Weihbischof Clemens August Droste zu Vischering (1773–1845) nach dem Vorbild der Barmherzigen Schwestern 1808 in Münster gründete. Ihnen war – wie den Borromäerinnen – die Krankenpflege als Aufgabe gestellt. Weder öffentliche Gelübde noch eine besondere Klausur waren vorgesehen. Im Jahre 1820 wurde den Schwestern das Clemenshospital in der westfälischen Bischofsstadt anvertraut.

Interessanterweise setzte in den 30er und 40er Jahren des 19. Jahrhunderts die Tendenz ein, nicht mehr „auswärtige Muster" weiblichen religiösen Zusammenlebens nachzuahmen, sondern eigenständige, neuartige Gründungen ins Werk zu setzen. Dadurch konnten zugleich andere als bis dahin übliche Schwerpunkte in der spirituellen Ausrichtung und den Einsatzfeldern gesetzt werden; auch die Kleidung wurde entsprechend geändert. So leisteten Frauen zugleich einen bedeutsamen Beitrag zur Neuorientierung kirchlichen Lebens und Handelns.

Ein solcher „Gründungsboom" ist auch in den deutschsprachigen Ländern festzustellen und kann erst vor dem Hintergrund der Auflösungstendenzen, die zu Beginn des 19. Jahrhunderts in den Orden spürbar waren und stark von außen beeinflusst wurden, richtig eingeschätzt werden. Einige Beispiele, in welchen das Konzept der „geistlichen Partnerschaft" in der Entstehung einer neuen Gemeinschaft – maßgeblich bewirkt durch das gemeinsame Handeln einer religiös außerordentlich inspirierten Frau und eines entsprechend motivierten Priesters – häufig anzutreffen ist, mögen dies veranschaulichen. Unter den Gründerinnen sind viele, welche die katholische Kirche wegen ihres vorbildlichen Lebens zu Ehren der Altäre erhoben hat.

Mit den „Armen Schulschwestern von Unserer Lieben Frau", die 1833 die Regensburgerin Karolina Gerhardinger

(1797–1879) gemeinsam mit dem Priester Matthias Siegert ins Leben rief, entstand eine rasch expandierende, weltweite Verbreitung findende Frauengemeinschaft, die sich Bildung und Erziehung zuwandte. In den kirchlich 1865 approbierten Satzungen war erstmals für den deutschsprachigen Raum eine zentrale Leitung einer Frauengemeinschaft durch eine „Generaloberin" vorgesehen, was bis dahin ausschließlich männlichen Orden vorbehalten war.

Einen bedeutenden Beitrag zur Bewältigung der sozialen Probleme im Rheinland leisteten Katholikinnen aus dieser Region. Die Industriellentochter Franziska Schervier (1819–1876), deren Taufpate Kaiser Franz I. (II.) von Österreich (1792–1835) war, widmete sich mit ihrer 1845 gegründeten „Genossenschaft der Armen Schwestern vom heiligen Franziskus" vornehmlich den Armen, den Kranken und Verwundeten, gefährdeten Frauen in Zuchthäusern und Besserungsanstalten. Wie sie stammte die Gründerin der „Schwestern vom armen Kinde Jesus", die Fabrikantentochter Clara Fey (1815–1894), aus Aachen. Deren 1845 kirchlich approbierte Genossenschaft wandte sich der Erziehung von Waisenkindern und Kindern armer Eltern zu. Die in Minden geborene, aus gemischtkonfessioneller Ehe stammende Pauline von Mallinckrodt (1817–1891), deren zwei Brüder Abgeordnete der Zentrumspartei waren, wuchs ebenfalls in Aachen auf und konnte mit Franziska Schervier und Clara Fey die angesehene Konvertitin und religiöse Dichterin Luise Hensel (1798–1876) ihre Lehrerin nennen. Pauline von Mallinckrodt begann ihr sozialkaritatives Engagement mit der Errichtung einer Kleinkinderbewahranstalt. Das Mutterhaus der von ihr 1849 gegründeten Kongregation der „Schwestern der Christlichen Liebe", die sich zunächst der Blindenfürsorge und Mädchenerziehung verschrieb, befindet sich in Paderborn.

Welche Dynamik die Welle der entstehenden Frauenkongregationen auslöste und welche geschlechtsspezifischen

Ausgestaltungen und Folgen dies für das religiöse Gemeinschaftsleben hatte, zeigt die Entwicklung in Preußen und Österreich. Während in Preußen noch in der Mitte des 19. Jahrhunderts die Ordensfrauen in der Minderheit waren, nahm ihr Anteil bis zum Kulturkampf rasant zu und stieg auf rund die Hälfte des kirchlichen Personals. Bereits zu Beginn des 20. Jahrhunderts (1907) machten die weiblichen Ordensfrauen zwei Drittel des kirchlichen Personalstandes im Königreich Preußen aus (64 %). Die gleiche Entwicklungstendenz lässt sich im Erzbistum Wien verfolgen. Dort bestanden im Jahr 1848 vier Männerstifte sowie 27 Niederlassungen von männlichen Orden mit insgesamt 734 Ordensangehörigen, hingegen nur fünf Frauenorden mit insgesamt 354 Mitgliedern. Ein halbes Jahrhundert später hat sich zwar die Anzahl der Mitglieder der Männerklöster und -stifte verdoppelt (1.461 Ordensmänner in drei Stiften sowie 20 Männerorden beziehungsweise -kongregationen in 54 Niederlassungen), jedoch hat sich die Mitgliederzahl der weiblichen Ordensgemeinschaften verzehnfacht (!). Im Jahr 1900 gehörten allein in der Erzdiözese Wien 3.570 Frauen einem Orden beziehungsweise einer Kongregation an, das Wirken der 26 Frauenorden und -kongregationen erstreckte sich auf 178 Häuser. Der weibliche Anteil unter den Ordensangehörigen war innerhalb von fünfzig Jahren von 32,6 % (1848) auf 71 % (1900) hochgeschnellt.

Unter den Kongregationen, die zahlenmäßig am stärksten in der Hauptstadt Wien vertreten waren, befand sich das Werk der aus Bayern stammenden Arbeitslehrerin Franziska Lechner (1833–1894). Ihre Gründung der „Töchter der göttlichen Liebe“ in Wien im Jahre 1868 erlebte einen gewaltigen Aufschwung und breitete sich binnen weniger Jahrzehnte auch dank der Förderung der habsburgischen Dynastie in die Länder des österreichisch-ungarischen Kaiserreiches aus. Die Schwestern kümmerten sich vorrangig um die recht- und schutzlosen Dienstbotinnen und Hausgehilfinnen. Grund- und Fortbildungskurse qualifizierten junge Frauen für Arbeitsplätze, Arbeitssuchende und Arbeitslose erhielten kostenlose oder kostengünstige Unterkunft und Verpflegung. Schnell dehnten sich die sozialkaritativen Aktivitäten auf die Aufnahme von Waisenkindern, auf Erziehung und schulische Bildung aus. Zwischen dem Gründungsjahr der Kongregation, deren Mutterhaus selbstverständlich in Wien war, und dem Ende des Ersten Weltkrieges wurden 84 Häuser errichtet, davon fast 90 % im Habsburgerreich, die restlichen in England und den Vereinigten Staaten.

Auch für andere, kleinere Bistümer lassen sich originäre weibliche Genossenschaftsgründungen nachweisen, so für das damalige Seckau, wo seit Mitte des 19. Jahrhunderts allein drei Frauenkongregationen, teils mit weltweiter, teils mit regionaler Ausstrahlung, ins Leben gerufen wurden: die „Grazer Schulschwestern" (1843) durch Franziska (Antonia) Lampel (1807–1851), die „Vorauer Schwestern" (1865) durch Barbara Sicharter (1829–1905) und im heutigen Slowenien die „Krankenjungfrauen" (1878), später als „Gesellschaft von Marienschwestern der Wundertätigen Medaille" bezeichnet, durch Leopoldine Gräfin Brandis (1815–1900), der Generaloberin der Barmherzigen Schwestern in Graz.

Die sozialkaritativ, erzieherisch und schulisch ausgerichteten Gemeinschaften nahmen ebenfalls in der Schweiz rasch an Zahl und Gewicht zu. Dies galt selbstverständlich für die katholischen Kantone, die wie die übrigen anderer konfessioneller Prägung seit 1882 über die Schulhoheit verfügten. Zu den ersten Gründungen des 19. Jahrhunderts zählt die franziskanisch ausgerichtete „Genossenschaft armer Mägde bei St. Jost zu Baldegg" (Baldegger Schwestern), die Kaplan Josef Leonz Blum (1786–1859) für die Mädchenbildung und Armenpflege 1830 gründete. Die „Schwestern vom Heiligen Kreuz" in Menzingen, kurz auch Menzinger Schwestern genannt, widmeten sich in den Gründungsjahren (ab 1844) schwerpunktmäßig der Bildung und Erziehung von Kindern, Waisen, Armen und Kranken. Die Kongregation war das Gemeinschaftswerk von Bernarda (Maria Anna) Heimgartner (1822–1863) und dem Kapuzinerpater Theodosius Florentini (1808–1865), der außerdem zusammen mit Maria Theresia (Anna Maria Katharina) Scherer (1825–1888) eine weitere Frauenkongregation mit dem Schwerpunkt des Sozialapostolates, nämlich die auf franziskanischer Spiritualität fußenden „Barmherzigen Schwestern vom Heiligen Kreuz", errichtete. In Österreich sind sie als Kreuzschwestern, in der Schweiz wegen des Sitzes des Mutterhauses in Ingenbohl seit 1858 als Ingenbohler Schwestern bekannt. 1865 wurde in Ilanz (Graubünden) eine „wohltätige Gesellschaft von der göttlichen Liebe" für Frauen mit dem Engagement in Schule und Spital durch den Weltpriester Fidel Depuoz (1817–1875) und Maria Theresia (Babette) Gasteyer (1835–1892) ins Leben gerufen, die sich Ende des 19. Jahrhunderts dem Dominikanerorden anschloss (Ilanzer Dominikanerinnen).

In Luxemburg bildete sich 1846 eine Kongregation aus, die sich ganz der Armensorge und der Krankenpflege, später auch der Betreuung weiblicher Gefangener verschrieb („Franziskanerinnen von der Barmherzigkeit von Luxemburg", von Papst Pius X. anerkannt). Sie geht auf Anne Elisabeth Dufaing (1804–1880) zurück, die der damalige Apostolische Vikar von Luxemburg, Jean Theodor Laurent (1804–1884), unterstützte.

Freilich trübten die Kulturkämpfe, die nach dem Ersten Vatikanischen Konzil des Jahres 1870 im Deutschen Reich einsetzten, zeitweilig die aufblühende „Ordenslandschaft" und trafen auch die religiösen Frauengemeinschaften schwer. Mit den Jesuiten wurden 1872 die „Ordensfrauen vom Heiligsten Herzen Jesu" (Sacré Cœur) ausgewiesen, die bis 1917 im Exil verweilen mussten. Das preußische Gesetz drei Jahre später sah die Auflösung aller Ordenshäuser vor, die mit Erziehung und Schulwesen befasst waren. Im wilhelminischen Kaiserreich waren von dieser gesetzlichen Anordnung 2.276 weibliche Ordensmitglieder betroffen. Die Ursulinen mussten wie manch andere Mitschwestern Preußen verlassen. Ausgewiesene Frauengemeinschaften hielten sich gewöhnlich im westlichen Ausland, insbesondere in den Niederlanden und Belgien, auf. Allein diejenigen Kommunitäten und Genossenschaften, die sich der Alten- und Krankenpflege widmeten, durften bleiben. Dies veranlasste einen Teil der weiblichen wie männlichen Gemeinschaften dazu, sich in ihrer Ausrichtung auf diese Tätigkeitsbereiche definitiv umzustellen, so zum Beispiel die Vinzentinerinnen, die nunmehr auf die Betreuung von Waisen, erzieherisches und schulisches Wirken verzichteten.

Eine Entspannung im Verhältnis zwischen Staat und Kirche, Behörden und Orden trat erst allmählich ein, als der preußische Kulturkampf beigelegt werden konnte und die staatlichen Einschränkungen in Preußen ab 1880 – und in anderen deutschen Bundesstaaten – schrittweise aufgehoben wurden. Behördliche Genehmigungen von Neuaufnahmen waren nicht mehr vorgeschrieben. Auf Schule und Erziehung ausgerichtete Frauengemeinschaften wie Ursulinen, Arme Schulschwestern und Augustiner-Chorfrauen konnten nach Preußen zurückkehren. Die Verhältnisse normalisierten sich in der Regel bis zum Ende des Ersten Weltkrieges.

Gründe für den „Frauenkongregationsfrühling"

Säkularisierung, Industrialisierung und der Zug der Menschen vom Land (und von der Kleinstadt) in die (Groß-)Stadt führten im 19. Jahrhundert zu Entwurzelungen, Armut und Elend. Im Verlauf dieser Entwicklung drohten ursprüngliche Beheimatungen vor allem in einer stark ländlich geprägten, von stabilen familiären und kirchlichen Verhältnissen gekennzeichneten Umgebung verloren zu gehen. Frauen waren von diesen Tendenzen partiell sogar noch stärker als Männer betroffen, wenn sie ohne jedwede Vorbildung oder mit wenigen schulischen Kenntnissen im neuen urbanen Umfeld eintrafen, aufgrund der Ungunst der Zeitumstände aus dem Arbeitsprozess fielen oder an den Rand der Gesellschaft rückten. Kinderschicksale konnten hiermit verbunden sein, seien es Waisen oder illegitim geborene Kinder, seien es von ihren Müttern allein erzogene, seien es kranke oder sozial gestörte.

Menschen verschiedenster familiärer Herkunft und sozialen Standes fühlten sich im Glauben gerufen, an der Lösung der sozialen Frage und der vielfältigen Notlagen mitzuwirken. Weitere Beweggründe kamen hinzu, die ein gemeinsames Leben für Frauen in religiösen Gemeinschaften attraktiv machten. Ohne an strenge päpstliche Klausurvorschriften gebunden zu sein, bot das sich immer weiter ausbreitende Netz der weiblichen Kongregationen – dieses war damals elastischer als dasjenige der traditionellen Orden – den religiös Suchenden angemessene Lebensformen (*vita activa* und *vita contemplativa*), die ihnen die Verbindung religiöser, beruflicher und karitativer Anliegen ermöglichte, gesellschaftlich anerkannte Tätigkeitsbereiche, soziale Aufstiegsmöglichkeiten sowie neben dem Erwerb schulischer und handwerklicher Fähigkeiten den Berufseinstieg. So konnte der Weg zur Erzieherin, Lehrerin, Sozialfürsorgerin oder Krankenpflegerin leichter als vielerorts sonst beschritten werden, ohne dass gemeinhin für die eintretenden und die Gelübde ablegenden Frauen eine größere Mitgift oder Stiftung seitens ihrer Familie verlangt wurde. Wenn überaus zahlreiche Waisenanstalten, Krankenhäuser, Kindergärten, Schulen und Jugendheime, Armen- und Behinderteneinrichtungen von der Mitte des 19. Jahrhunderts bis zum Ersten Weltkrieg entstanden, dann hatten hieran herausragende Frauenpersönlichkeiten, weibliche Vereine und Frauenkongregationen katholischer Provenienz großen Anteil.

Was die vielfältigen genossenschaftlichen Aufbrüche in der kirchlichen Landschaft der deutschsprachigen Länder betrifft, bedurfte manches nach etwas ungeordneten Anfängen und zuweilen eher spontanen Initiativen der „Reifung“, struktureller und rechtlicher Verfestigungen sowie materieller Absicherungen. Im Allgemeinen stand eine Generaloberin an der Spitze der Kongregation, vom Mutterhaus aus wurden deren Geschicke gelenkt. Spirituelle Einweisungen und (berufs)praktische Ausbildungen fanden gewöhnlich dort statt. Die Schwesterngemeinschaften erfreuten sich öfters eines Umkreises von Förderern und Gönnern unter Geistlichen und in der bischöflichen Hierarchie, in Bürgertum und Adel. Freilich konnten letztlich nur diejenigen Kommunitäten vollen Erfolg haben, in denen sich Führungsqualitäten und Organisationsgeschick mit spirituellem Tiefgang verbanden.

Neue Herausforderungen und Bedrohungen in der ersten Hälfte des 20. Jahrhunderts

Das 20. Jahrhundert brachte den weiblichen religiösen Gemeinschaften neue Herausforderungen und Bedrohungen, die nicht nur zu Ausweisungen und Vertreibungen, sondern sogar zu physischer Verfolgung und Auslöschung führen konnten. Die Schrecknisse in der Zeit des Nationalsozialismus sind tief in das kollektive Gedächtnis von Kirche und Gesellschaft eingegraben.

Zunächst setzte sich in den ersten Jahrzehnten des 20. Jahrhunderts die Blüte der religiösen Gemeinschaften fort. Die Kulturkämpfe konnten die Entwicklung allenfalls verzögern, jedoch nicht aufhalten. Das zahlenmäßige Wachstum der weiblichen Orden und Kongregationen hielt an, die inneren Organisationsstrukturen wurden ausgebaut, die Netze der Niederlassungen verdichteten sich. Nach dem kirchlichen Gesetzbuch (CIC) des Jahres 1917 gab es Orden mit feierlichen und Kongregationen mit einfachen Gelübden, die sich auf die Evangelischen Räte, nämlich Armut, Keuschheit und Gehorsam, bezogen. Außerdem wurden Institute ohne diese drei Gelübde als dritte Gruppe benannt, die Gesellschaften des gemeinsamen Lebens hießen.

Nach dem Ersten Weltkrieg konnten die religiösen Frauen- und Männergemeinschaften in Deutschland, Österreich und der Schweiz ihrem Apostolat ungehindert nachkommen. Schwerpunkte des Wirkens waren unter anderem der weite Sozialbereich, Erziehung und Bildung. Allein in Deutschland waren beispielsweise im Jahre 1928 32 weibliche Schulorden tätig. Die Zahl der Schwestern, die sozialkaritativen Gemeinschaften in Deutschland angehörten, stieg binnen 15 Jahren von 60.791 (1920) auf 84.558 (1935). Was Österreich betrifft, hatten 62 weibliche Genossenschaften 1920 15.024 Mitglieder und 1938 72 an der Zahl 19.555 Mitglieder, wobei mindestens die Hälfte im Dienst von Caritas und Fürsorge standen. Wie in Österreich stellten auch in der Schweiz die Kreuzschwestern von Ingenbohl die größte Gemeinschaft unter den 18 weiblichen Orden und Kongregationen dar: Im Jahre 1935 zählten sie 2.342 Profess-Schwestern in der Eidgenossenschaft.[64]

Die Anzahl neuer Gründungen und Niederlassungen seit Beginn der Zwischenkriegszeit wie auch ihre Bedeutung war im Vergleich mit dem gewaltigen Aufbruch in der zweiten Hälfte des 19. Jahrhunderts geringer. Für Deutschland kann auf die im Jahr 1925 gegründete „St. Elisabeth-Schwesternschaft“ von Philippine Mathildis Otto (1875–1933) hingewiesen werden. Deren Mitglieder waren als Hebammen, Kranken- und Familienpflegerinnen sowie Lehrerinnen tätig. Für Österreich ist von den neu errichteten Frauengenossenschaften, die anfangs nicht den Charakter eines herkömmlichen Ordens oder einer Kongregation trugen, die 1919 entstandene Wiener Schwesterngemeinschaft Caritas Socialis, von der schon erwähnten Hildegard Burjan gegründet, hervorzuheben. Des Weiteren sind die Don-Bosco-Schwestern zu nennen, die 1928 nach Österreich kamen, sowie die „Missionsschwestern vom Kostbaren Blut", die sich 1935 in Wernberg (Kärnten) niederließen.

Nachdem die Nationalsozialisten 1933 in Deutschland an die Macht gekommen waren, begann eine neue, einschneidende Phase. Die SS, die sich als Elite der nationalsozialistischen Bewegung verstand, gründete interessanterweise mehrere „Ordensburgen", die Schulungszwecken dienen sollten. Doch hob seit 1935 ein immer stärker orchestrierter Kampf gegen die Orden und Kongregationen an, die den totalitären Machtansprüchen der Nationalsozialisten entgegenstanden und diesen mit als Rückgrat der katholischen Kirche galten. In gezielten Pressekampagnen wurden Devisenvergehen gegeißelt, Sittlichkeitsprozesse betrafen hingegen nur die männlichen Kommunitäten. Aus Kindergärten und Schulen wurden Schwestern allmählich zurückgedrängt und schließlich ganz vertrieben, Ordensschulen geschlossen. Die Zielrichtung all dieser Maßnahmen war klar: Orden und Kongregationen sollten vernichtet und ausgeschaltet werden. Dem diente der „Klostersturm" des Jahres 1941, der zur Aufhebung zahlreicher Niederlassungen und zur Einziehung ihres Besitzes und Vermögens führte.

Wie Priester und Ordensmänner legten auch die Ordensschwestern in und mit ihrem Leben Zeugnis für Christus ab. Während des Zweiten Weltkrieges wurde ein Großteil der Schwestern und Novizinnen als Pflegerinnen in Wehrmachtslazaretten und in der Gesundheitsfürsorge des Inlandes eingesetzt. Stellvertretend sei die aus Halverde bei Hopsten, aus einer kinderreichen Familie stammende westfälische Clemensschwester Maria Euthymia (Emma) Üffing (1914–1955) genannt, die während des Zweiten Weltkrieges Kriegsgefangene pflegte und dafür den Beinamen „Engel der Liebe“ erhielt. 2001 wurde sie von Papst Johannes Paul II. seliggesprochen. Die Caritas-Socialis-Schwester Verena Buben (1900–1982) steht für jene, die unter höchster Gefährdung ihres Lebens verfolgten Menschen, in diesem Fall jüdischer Herkunft, zu helfen versuchten. Sie war Mitglied der mehrheitlich aus Frauen bestehenden, vom Wiener Kardinal Theodor Innitzer 1940 offiziell errichteten Erzbischöflichen „Hilfsstelle für nichtarische Katholiken“, die ähnlich dem „Hilfswerk beim Bischöflichen Ordinariat Berlin“ konzipiert war, dessen Geschäftsführerin Dr. Margarete Sommer (1893–1965) war.

Als sich die Visitatorin der Salzburger Barmherzigen Schwestern Anna Berta Gräfin Königsegg (1883–1948) den Anweisungen nationalsozialistischer Schergen widersetzte und so 1940 den Abtransport von Geisteskranken aus der Anstalt Schloss Schernberg bei Schwarzach zu verhindern suchte, wurde sie verhaftet und ausgewiesen. Sie konnte indes einige Menschen retten. Die Trinitarierin Maria Angela (Maria Cäcilia) Autsch (1900–1944) wurde wegen ihrer Kritik an Hitler denunziert und zunächst in das Frauenkonzentrationslager Ravensbrück, dann ins Konzentrationslager Auschwitz deportiert, wo sie bis zu ihrem Tod, der aufgrund eines Bombenangriffes erfolgte, als „Engel von Auschwitz“ zahlreichen Mitgefangenen half. Die Provinzoberin der Schulschwestern von Marienbad, M. Epiphania (Barbara) Pritzl (1881–1944), wurde wegen der „gesetzeswidrigen Aufnahme von Kandidatinnen“ in das Frauenkonzentrationslager Ravensbrück überführt, wo sie verstarb. Restituta (Helene) Kafka (1894–1943) ist die einzige katholische Ordensfrau im deutschsprachigen Raum, die „nur“ wegen der Verbreitung eines antinationalsozialistischen Soldatenliedes im Wiener Landesgericht mit dem Fallbeil hingerichtet wurde. Wegen ihrer jüdischen Herkunft wurden drei Ordensfrauen – die Karmelitin Edith Stein (1891–1945), Mir(i)jam (Elisabeth) Michaelis (1889–1942) von den Josefsschwestern in Trier sowie Aloysia (Luise) Löwenfels (1915–1942) von den „Armen Dienstmägden Jesu Christi" – Opfer des nationalsozialistischen Rassenwahns und in Auschwitz vergast.

Andere Ordensfrauen überlebten oft um Haaresbreite, weil sie unter Umständen in ausländischen Klöstern untergebracht wurden. Die Schweiz diente Ordensleuten als Exil. Als das Ende der nationalsozialistischen Herrschaft nahte und sowjetische Truppen in mittel- und ostdeutsche Gebiete einrückten, kam es zu Massenvergewaltigungen und Ermordungen von Ordensfrauen. So wurde zum Beispiel die Novizin der Vorauer Schwestern in der Oststeiermark, Margarethe Krückl (1918–1945), von einem russischen Soldaten brutal niedergestreckt, da sie einer Vergewaltigung widerstand. Zu den Opfern zählten auch manche Schwestern der Kongregation von der hl. Elisabeth in der oberschlesischen Stadt Neisse und der Umgebung, einer 1842 ebendort gegründeten Gemeinschaft, die sich hauptsächlich der Krankenpflege widmete.[65]

Spätestens nach 1945 mussten zahlreiche Mitglieder der weiblichen Orden und Kongregationen die ehemaligen deutschen Ostgebiete wie Schlesien verlassen, auch das Sudetenland, und eine neue Heimat in den westlichen Besatzungszonen Deutschlands und in Österreich finden. Die Integration gelang größtenteils. Im Zeichen des Kommunismus der Deutschen Demokratischen Republik (DDR) wurden religiöse Frauengemeinschaften allenfalls in Sozialeinrichtungen, wie zum Beispiel der Behindertenarbeit, geduldet.

In Österreich konnten die religiösen Gemeinschaften dort wieder anknüpfen, wo ihnen die Nationalsozialisten die Betätigung verwehrt hatten. Für die im Zweiten Weltkrieg neutral gebliebene Schweiz stellte sich diese Frage nicht.

In den 50er Jahren kündigte sich bereits ein Mitgliederrückgang für die weiblichen Orden und Kongregationen an. Neue Säkularinstitute entstanden, in denen Mitglieder allein oder in Wohngemeinschaften lebten. Im Jahre 1948 wurde als erstes deutsches Säkularinstitut das der Schönstätter Marienschwestern kanonisch anerkannt, das in Vallendar bei Neuwied 1926 errichtet wurde. In Österreich gründete der Feldkircher Seelsorgeamtsleiter Edwin Fasching (1909–1957) mit dem „Werk der Frohbotschaft" in Batschuns 1947 ein weiteres Säkularinstitut für Frauen. In der Schweiz wurde das 1913 als katholische Frauengemeinschaft entstandene „Katharina-Werk" in Basel 1952 als Säkularinstitut errichtet, dessen Gemeinschaft mit ihrer Leiterin Pia Gyger (1982–1994) durch die ökumenische Öffnung und Vielfalt der Lebensformen einen steten Gestaltwandel durchmachte. Der Theologe Hans Urs von Balthasar, der selbst 1945 mit Adrienne von Speyr die „Johannesgemeinschaft" mit starker ignatianischer Ausrichtung in Basel gegründet hatte, wurde zu einem bedeutenden spirituellen Impulsgeber für die Säkularinstitute.

Im Allgemeinen lassen sich zwei Grundtendenzen bei den Frauengemeinschaften feststellen: zum einen solche, die sich von der „Welt" abzuschotten versuchten und Reformeingriffen ablehnend gegenüberstanden, zum anderen solche, die sich den Erfordernissen und Wandlungen der Zeit – und auch der Kirche – zu stellen suchten. Insofern begannen behutsame Prozesse der Umgestaltung in Orden und Kongregationen noch vor dem Beginn des Zweiten Vatikanischen Konzils. Die Ordensfrauen schlossen sich zu überregionalen Vereinigungen zusammen, so zur „Vereinigung der höheren Ordensoberinnen Deutschlands", zur „Vereinigung der Frauenorden Österreichs" und zur „Vereinigung der Ordensoberinnen der deutschsprachigen Schweiz und Liechtensteins".

Reformaufbrüche und Krisen nach dem Zweiten Vatikanischen Konzil

Mehr noch als bei den Kommunitäten der Männer ist es bezüglich der weiblichen Zusammenschlüsse, ein gemeinsames religiöses Leben zu führen, schwierig, die äußerst vielfältigen Formen begrifflich zu fassen und rechtlich in einheitliche Zuordnungen zu fügen. Je nach Art der Bezugnahme und des Zusammenhanges sowie kanonischer Qualifizierbarkeit kann dies verschieden sein, gerade in der öffentlichen Diskussion. Der im Zuge des Zweiten Vatikanischen Konzils übliche Begriff des „geweihten Lebens" (*vita consecrata*) kann Orden und Kongregationen einschließen, doch begrenzt das erneuerte kirchliche Gesetzbuch (CIC/1983, cc. 573–730) diese Kennzeichnung auf Institute, deren Mitglieder sich an die Evangelischen Räte durch Gelübde oder andere Formen binden. Ohne förmliche Verpflichtungen auf die Evangelischen Räte wird der Begriff „Gesellschaften des apostolischen Lebens" in diesem Gesetzbuch verwendet (CIC/1983, cc. 731–746).

Dass Orden und Kongregationen beiderlei Geschlechts mit immer deutlicher zutage tretenden Schwierigkeiten in einem sich verändernden gesellschaftlichen Umfeld zu kämpfen hatten, beschäftigte zusehends die Verantwortungsträger in der Kirche. Vor Konzilsbeginn nahm sich der Erzbischof von Mecheln-Brüssel, Kardinal Léon-Joseph Suenens (1904–1996), des Themas in einem Buch an, das den bezeichnenden Titel „Krise und Erneuerung der Frauenorden", erschienen 1962, trug. Die Konzilsväter widmeten 1965 den geistlichen Gemeinschaften ein eigenes Ordensdekret (*Perfectae caritatis*), das für die als notwendig erachtete Erneuerung allgemeine Orientierung gab. Auch den weiblichen Orden und Kongregationen war aufgegeben, sich auf die Intentionen der Gründer(innen)zeit zu besinnen und den Geist des Ursprungs mit den Erfordernissen der Zeit in fruchtbare Verbindung zu bringen. Dies war freilich in der Praxis schwierig, die Suche nach dem eigenen Charisma und der theologischen beziehungsweise spirituellen Fundierung, die Regelung der Einzelheiten und die Überarbeitung von Satzungen bedurften gegebenenfalls mehrerer Jahrzehnte. Die gefundenen Antworten waren ebenso vielfältig, wie die „Ordenslandschaft" im weitesten Sinne bunt war. Die von Mary Ward ins Leben gerufenen Englischen Fräulein (seit 2004 „Congregatio Jesu") wendeten sich noch stärker dem Jesuitenorden zu und übernahmen 1978 die ignatianischen Konstitutionen. Die Ursulinen versuchten sich durch ein intensiviertes Studium der Schriften ihrer Gründerin Angela Merici für ihre Aufgaben in Erziehung und Schule zeitgemäßer inspirieren zu lassen. Im Allgemeinen wurden Beratung und Entscheidungsfindung in den Frauengemeinschaften auf breitere Grundlagen gestellt, hierarchische Strukturen überprüft und tendenziell abgebaut, Unterschiede zwischen Chor- und Laienschwestern eingeebnet, Aus- und Weiterbildung verstärkt, spirituelle Begleitungen ausgebaut. In Kleidung und Liturgie drückte sich der tiefgreifende Wandel am sichtbarsten aus. Wie stark die Öffnung hin zur Welt erfolgte, symbolisierten unter anderem der Verzicht der Vinzentinerinnen auf ihre geflügelte Haube – zum Leidwesen mancher Filmemacher – und die Verwendung der Muttersprache in den Hausliturgien. Überkommene Abtötungs- und Bußübungen entfielen, auch vielerorts Gitter in Sprechzimmern.

Die Reformaufbrüche brachten vielen Frauengemeinschaften Vertiefungen ihrer spezifischen religiösen Berufung in der Welt, auch neue Ausstrahlung und verbesserte Beziehungen unter den Mitgliedern zum Wohle ihres Wirkens. Doch waren Ausmaß und Geschwindigkeit der Veränderungen mitunter so stark, ja so radikal, dass Verwerfungen und

Spaltungen nicht ausblieben. Identitätskrisen entstanden, zumal wenn es nicht zu den erhofften Neueintritten kam. Der Mitgliederrückgang und der Nachwuchsmangel nahmen im letzten Viertel des 20. Jahrhunderts zu, im Blick auf die absoluten Zahlen und die Zukunft besorgniserregend.

Austrittswellen verstärkten den Trend, den vor allem demografischer Wandel, eine allgemein zurückgehende Kirchenbindung und die Erosion fest gefügter katholischer Lebenswelten verursachten. Hinsichtlich der weiblichen Gemeinschaften kamen die veränderte Stellung der Frau im gesellschaftlichen Gefüge, die weitaus größeren Möglichkeiten als zuvor in Bildung und Beruf hinzu. Ein Leben nach den Evangelischen Räten hatte nahezu allenthalben an Anziehungskraft eingebüßt.

Einige Zahlen können die tief reichende Krise anzeigen: Was die Schwestern der sozialkaritativen Genossenschaften in Deutschland anbelangt, so ging ihre Zahl im Zeitraum zwischen 1971 und 1980 um 37 Prozent von 30.049 auf 18.924 zurück.[66] Drastisch dokumentiert diesen Rückgang auch ein Beispiel aus einem Bistum: Waren in Graz-Seckau noch im Jahre 1959 1.976 Ordensfrauen in den Kommunitäten anzutreffen, so sind es ein halbes Jahrhundert später nur mehr 579 Ordensfrauen.

Die Folgen sind für Kirche und Gesellschaft spürbar: Orden und Kongregationen waren gezwungen, zahlreiche Niederlassungen aufzugeben sowie Kindergärten und Schulen, Jugend-, Alten- und Pflegeheime, Krankenhäuser und Hospize zu schließen. Dieser Prozess geht ungebrochen weiter. Andere kirchliche Träger, wie zum Beispiel Diözesen, konnten und können die großen Lücken kaum schließen. Dadurch verlor der deutschsprachige Raum zweifellos an christlicher und historisch gewachsener kultureller Prägung.

Doch gibt es auch Zeichen der Hoffnung. Zu ihnen sind die Niederlassungen der indischen Frauenkongregation

„Missionaries of Charity" („Mutter-Teresa-Schwestern") zu rechnen, die erstmals 1979 in Essen Fuß fassten und danach weitere Niederlassungen in Großstädten des deutschsprachigen Raumes, wie in Wien im Jahr 1985, errichteten. Ihr Haupteinsatz gilt den „Ärmsten der Armen" und ahmt das Vorbild ihrer Gründerin Mutter Teresa (1910–1997) nach. Ebenfalls einen hohen Bekanntheitsgrad weisen die „Kleinen Schwestern Jesu" auf, die von Charles de Foucault (1858–1916) inspiriert, 1939 von Magdeleine Hutin (1898–1989) gegründet wurden und mit 16 Niederlassungen in Deutschland, Österreich und der Schweiz vertreten sind. Sie wollen bewusst unter und für gesellschaftliche Randgruppen wirken und verbinden zivilberufliche Tätigkeiten mit ihrer religiösen Sendung. Dezidiert beschauliche Institute stellen der französische Frauenorden „Schwestern von Bethlehem", die sich in der Tradition der Kartäuser wissen und seit 1985 in der Erzdiözese Salzburg und seit 2000 im Bistum Fulda leben, sowie die „Klarissen-Eremitinnen" (Schwestern der hl. Klara) mit Niederlassungen in den Diözesen Feldkirch und Rottenburg-Stuttgart dar. Bemerkenswert sind Tochtergründungen, die vor allem streng beschauliche Orden wie Karmelitinnen und Zisterzienserinnen in den vergangenen fünfzig Jahren durchgeführt haben: Neben der burgenländischen Abtei Marienkron (1955 gegründet, seit 1991 Abtei) ist Marienfeld als das jüngste Zisterzienserinnenkloster in Österreich zu nennen. Seine Entstehung steht in enger Verbindung mit dem Marienwallfahrtsort Roggendorf unweit des damaligen „Eisernen Vorhangs", die Grundsteinlegung erfolgte 1975. Vom Karmel in Mariazell aus entstanden die Tochtergründungen in Bärnbach in der Weststeiermark (1976) und Maria Jeutendorf in Niederösterreich (1985), von Wien aus das Karmelitinnenkloster in Rankweil (1964).

Zu einem Hoffnungsträger für die dechristianisierten Gebiete der ehemaligen Deutschen Demokratischen Republik entwickelte sich das traditionsreiche Zisterzienserinnenkloster Helfta in Sachsen-Anhalt, die „Krone der deutschen Frauenklöster", das nach der Reformation 1542 säkularisiert und im Jahre 1999 von Schwestern aus der bayerischen Abtei Seligenthal wieder besiedelt wurde. Drei bedeutende deutsche Mystikerinnen lebten hier im Mittelalter: Gertrud von Helfta (1256–1301/2), Mechthild von Hackeborn (1241/42–1299) und Mechthild von Magdeburg (1207–1282). Wenn neues geistliches Leben nach mehr als 450 Jahren Unterbrechung und in bewusster Anknüpfung an die mittelalterliche Klostertradition in Helfta entstand sowie zusammen mit den auch in der Zeit des Kommunismus bestehenden Zisterzienserinnenabteien Marienstern und Marienthal in der Lausitz (Sachsen) ausstrahlt, dann dürfte für Resignation und Verzagtheit kein Platz sein.

7. Pfarrhaushälterinnen

Zu Profil und Wahrnehmung der Tätigkeit(en)

Von allen Tätigkeiten, die Frauen außerhalb des Ordenswesens in der Kirche wahrnehmen, war diejenige der Pfarrhaushälterin bis vor wenigen Jahrzehnten die allgemein bekannteste und wohl vertrauteste. Bis heute blieb die Geschichte der katholischen Pfarrhaushälterinnen nahezu unerforscht. Erst relativ spät, nämlich im Jahre 1977, wurde der Beruf der Pfarrhaushälterin von Papst Paul VI. als kirchlicher Dienst offiziell anerkannt. Je nach Region und gegebenenfalls nach bevorzugter Betrachtungsweise werden für diesen im Regelfall von Frauen ausgeübten kirchlichen Beruf verschiedene Bezeichnungen verwendet, so zum Beispiel des Weiteren „Pfarrhausfrau", „Häuserin", „Wirtschafterin" oder „Pfarrer(s)köchin".

Der letzte Begriff gibt das Tätigkeitsfeld freilich verkürzend wieder, denn dieses umfasste vor allem in der Vergangenheit weit mehr als nur die Sorge um das leibliche Wohl des Priesters und die Führung der Küche. Auch die Versorgung der Wäsche des Geistlichen, die Raumpflege, Gartenarbeit sowie Dienstleistungen für die Gemeinde kamen gewöhnlich hinzu. Zu letzteren gehörte unter anderem, dass Pfarrhaushälterinnen Matrikelbücher führten, Messstipendien entgegennahmen, das Opfergeld zählten, die Kollekten zur Bank brachten, den Blumenschmuck in der Kirche besorgten und die liturgische Wäsche aus der Sakristei pflegten. Sie wirk(t)en am und im Leben des Pfarrhofes und der Pfarrgemeinde mit. Zumeist waren und sind sie die ersten Ansprechpartnerinnen „vor Ort". Pfarrhaushälterinnen stell(t)en eine zentrale „Kommunikationsinstanz" in der Pfarrgemeinde dar, zumal auf dem Land, und wurden beziehungsweise werden in gewisser Hinsicht als „rechte Hand" des Pfarrers wahrgenommen. Der Beruf galt als Synonym für sozialen Aufstieg, besonders wenn der Pfarrhof mit einem landwirtschaftlichen Betrieb verbunden war und dieser auch Stallmägde, Küchen- und Stubenmädchen umfasste. Als Angestellte des Pfarrers standen sie oft in einem Verwandtschaftsverhältnis (verwitwete Mutter, Schwester, Cousine) zum Pfarrer. Sie führten gemäß den kirchlichen Bestimmungen und dem verlangten Tugendkatalog praktisch ein zölibatäres Leben.

Selbstverständnis, Mentalität, Verhaltensweisen und Anforderungsprofil dieses Berufsstandes, das völlig dem überkommenen katholischen Frauenbild entsprach, haben ihren Niederschlag auch in spezifischen Handbüchern gefunden. Diese prägten das Bild der Pfarrhaushälterinnen in der katholischen Kirche bis in die 70er Jahre des 20. Jahrhunderts, fanden in Österreich und Deutschland weite Verbreitung und erlebten mehrere Auflagen. Die Linzer Schriftstellerin Franziska Baernreither (1887–1927) veröffentlichte erstmals 1902 als Auftragswerk des „Korrespondenzblattes für den katholischen Klerus", des größten österreichischen Klerusblattes in der Habsburgermonarchie, ein Werk, in welchem ein sittlich-normativer Tugendkatalog für den Alltag von Pfarrhaushälterinnen aufgestellt wurde. Das Handbuch trug den selbstsprechenden Titel „Veronika. Ratschläge für Haushälterinnen in einem geistlichen Hause". Es wurde im Klerus entsprechend beworben. In Anspielung auf ein Vorbild dieses Berufsstandes, nämlich Veronika, untermauerte die Autorin die Bedeutung des „Veronika-Dienstes" der Pfarrhaushälterin für den Priester „als Nachfolger Christi". Sie unterstrich die dienende Rolle und das „selbstlose", „untadelhafte", „unbescholtene", „sittsame", „untertänige" und „gottesfürchtige"

Verhalten von Pfarrhausfrauen gegenüber ihrer Umwelt. Die Sorge um die Haushaltsführung der Priester versuchte die Schriftstellerin damit zu begründen, dass auch die hl. Maria dem hl. Josef, dem Heiland und dem hl. Johannes den Haushalt geführt haben soll.

Ein männlicher Autor, nämlich der bekannte norddeutsche Erzähler und Pfarrer Dr. Augustin Wibbelt (1862–1947), verfasste das mehrfach aufgelegte „Handbuch für katholische Pfarrhaushälterinnen". Bezug nehmend auf die biblische Perikope Lk 10,38–42 nannte er sein Werk „Martha und Maria" und wies der Pfarrhaushälterin in den Gestalten der „emsigen Martha" und der „frommen Maria" den Platz „zu Füßen des Meisters" zu.

Soziale Notlagen und erste Lösungsansätze

Zu einer bedeutsamen Zäsur in der Geschichte der Pfarrhaushälterinnen kam es in den konfliktträchtigen Jahren nach dem Ersten Weltkrieg mit den tiefgreifenden sozialen Spannungen, der Arbeitslosigkeit und Inflation. Im kirchlichen Bereich waren von diesen Umwälzungen auch die Pfarrhaushälterinnen betroffen, wozu mehrere Umstände beitrugen.

Gemeinhin erhielten die Haushälterinnen eine völlig bescheidene und zuweilen unregelmäßige Entlohnung. Wenn sie wegen hohen Alters, Krankheit oder beim Tod des Pfarrers berufsunfähig wurden, mussten die fast durchwegs ledigen, ohne jegliche sozialrechtliche Absicherung dastehenden Angestellten nach mehreren Jahrzehnten beruflicher Tätigkeit zumeist das Pfarrhaus verlassen. Nicht selten beschlossen arbeitsunfähig gewordene Pfarrhaushälterinnen ihr Leben in einem Armen- oder Siechenhaus. Auf diese offenkundigen Missstände wurde mit geistlich-religiösen und sozialen Lösungsansätzen reagiert. Erstere stellten die ab Beginn der 20er Jahre entstandenen Marianischen Kongregationen dar, wie zum Beispiel der Sankt Scholastika-Verein, der im Juni 1920 auf Anregung von Maria Häring im Bistum Rottenburg gegründet wurde. Der Hauptzweck dieses Vereins war die religiös-spirituelle Förderung der Pfarrhaushälterinnen, was über Exerzitien, Wallfahrten, vermehrte Beichtgelegenheiten, Erbauungsvorträge und auch Kurse zur richtigen Ernährung erreicht werden sollte. Wie in Rottenburg und anderen süddeutschen Bistümern wurden auch in der Erzdiözese Wien Marianische Kongregationen für Pfarrhaushälterinnen gegründet.

Um jedoch die akute soziale, finanzielle und rechtliche Not der Pfarrhaushälterinnen zu lindern, genügte allein die religiös-spirituelle Betreuung keineswegs. Angeregt von charismatischen Einzelpersönlichkeiten, wurden in einigen Diözesen Unterstützungsvereine und Förderkassen ins Leben gerufen, um den Weg der Selbsthilfe zu beschreiten. Als unterstützende Mitglieder wurde dabei besonders an die Geistlichen selber gedacht, die vergleichsweise minimale Beiträge leisteten. Dies war der Anfang der Pfarrhausangestelltenversorgung. So entstanden nach und nach vereinsrechtliche Zusammenschlüsse der Pfarrhausangestellten, unter anderem 1921 in München, ein Jahr später in Mainz und Würzburg. Eine überdiözesane Dachorganisation für Bayern wurde zunächst 1926 gegründet, im darauf folgenden Jahr für ganz Süddeutschland.

Daneben wurde in Rundschreiben der Ordinariate an den Klerus immer wieder daran appelliert, dass es in erster Linie „Gewissenspflicht der Geistlichen selber“ sei, für ihre Hausangestellten in entsprechender Weise zu sorgen, und zwar durch eine der Geldentwertung angepasste, gerechte Entlohnung, durch Teilnahme an den sozialen Versicherungen sowie testamentarische Verfügungen.

Als Beispiel einer gelungenen sozialkaritativen Gründung ist das „Veronikawerk" im Erzbistum Freiburg zu nennen, das am 1. August 1923 seine Tätigkeit aufnahm und bis heute besteht. Es geht zurück auf den dynamischen katholischen Priester und Zentrumspolitiker Wilhelm Roeckel (1865–1936), der als erster Vorsitzender des „Veronikawerkes" viel zu seinem raschen Aufschwung beitrug. Nach einem Jahr hatte es bereits rund 700 Geistliche und 840 Pfarrangestellte als zahlende Mitglieder. Sehr bedeutungsvoll waren Roeckels Bemühungen, den Pfarrhaushälterinnen den Beitritt zur staatlichen Angestellten- und Invalidenversicherung zu ermöglichen. Über das von ihm redigierte „Veronikablatt" wurden die Pfarrhausangestellten wie auch der Klerus über alle wichtigen Planungen auf dem Laufenden gehalten. Auf Roeckels Initiative ging auch die Errichtung des „Veronikaheimes", eines Altenheimes für Pfarrhaushälterinnen, in Bühl am Beginn der 30er Jahre zurück. Für andere Diözesen wurde das „Veronikawerk" zum Vorbild.

Wenn in der Zwischenkriegszeit Solidargemeinschaften entstanden, gingen die Anstöße hierzu hauptsächlich von einzelnen tatkräftigen Pfarrhaushälterinnen sowie stark sozial und politisch engagierten Klerikern aus. Stellvertretend für die Frauen seien Katharina Englaro (1889–1968) und Elisabeth Ruess (1879–1941) angeführt, die zusammen mit Stadtpfarrer Josef Wassermann († 1953) im Oktober 1920 in der Diözese Augsburg den ältesten Verein für Pfarrhaushälterinnen in Deutschland gründeten. Elisabeth Ruess, bei ihrem Bruder im Pfarrhaus zu Gablingen angestellt, gewann in Katharina Englaro aus Diessen eine eifrige Mithelferin, die unermüdlich kreuz und quer durch das Bistum reiste, an den Türen der Pfarrhäuser anklopfte und für den neuen Verein warb. Ab 1927 erschien eine eigene Vereinszeitschrift „St. Verenablatt", zwei Jahre später wurde ein Altersheim für betagte Pfarrhaushälterinnen, das „Verenaheim", aufgebaut.

Zu den charismatischen österreichischen Persönlichkeiten zählte der Dechant von Stockerau Max Gröbner (1875–1948), der die soziale Lage der Pfarrhaushälterinnen als „himmelschreienden Jammer“ beschrieb. Im Jahre 1925 wurde auf seine maßgebliche Initiative hin der „Verein der weiblichen Angestellten im katholisch-geistlichen Haushalte“ gegründet. Kritische Stimmen aus dem heimischen Klerus besänftigte Gröbner mit dem Hinweis, dass die neue Solidargemeinschaft nicht wie eine Gewerkschaft in Lohnfragen handeln wollte. Das Projekt, ein Altenheim für Pfarrhaushälterinnen in Österreich zu errichten, scheiterte an mangelnder finanzieller Unterstützung. Immerhin konnte Gröbner erreichen, dass das Erzbischöfliche Ordinariat Wien im Jahr 1940 eine Altersversorgung für Haushälterinnen einführte, die aber – von ihrem Wert her – verschwindend gering war und den Empfängerinnen allenfalls ein Leben am Rande des Existenzminimums ermöglichte.

Grundlegender Wandel von Rahmenbedingungen und Berufsbild

Sozial- und arbeitsrechtliche Regelungen und Errungenschaften, wie sie heutzutage für Pfarrhaushälterinnen gelten, sind im Wesentlichen dem Einsatz der Berufsarbeitsgemeinschaften zu verdanken. Die veränderten gesellschaftlichen und kirchlichen Rahmenbedingungen in den 60er und 70er Jahren führten dazu, dass eine engere Kooperation über Süddeutschland hinaus immer mehr in Erwägung gezogen wurde. Im Jahre 1971 schlossen sich die diözesanen Vereine Deutschlands zur Bundesarbeitsgemeinschaft zusammen, die 1995 – auf Anregung der Geschäftsführerin Anneliese Knippenkötter – in die „Berufsarbeitsgemeinschaft der Pfarrhaushälterinnen“ umbenannt wurde. In Österreich entstand 1976 eine Arbeitsgemeinschaft der Pfarrhaushälterinnen, der keine überdiözesanen Zusammenschlüsse vorausgingen. In der deutschsprachigen Schweiz existiert eine Vereinigung der Pfarrhaushälterinnen, der eine Zentralpräsidentin vorsteht und in deren Vorstand sich eine Vertreterin der französischsprachigen Pfarrhaushälterinnen befindet. Es gibt in Luxemburg die „Equipe Sainte-Monique“. 1974 war die Internationale Föderation der Pfarrhaushälterinnen auf französische Initiative von Père Jean Louis Bonhomme in Einsiedeln ins Leben gerufen worden.

Die Verbesserung der „menschlichen und geistlichen Lebensbedürfnisse“ hatten schon die Würzburger Synode der deutschen Bistümer und der österreichische Synodale Vorgang zu Beginn der siebziger Jahre angemahnt. Die „innerkirchliche soziale Frage“ der Pfarrhaushälterinnen fand eine angemessene Lösung: Anstatt einer unregelmäßigen Entgeltung, die völlig ins Gutdünken des jeweiligen geistlichen Arbeitgebers gestellt war, werden nunmehr die Pfarrhaushälterinnen nach einem kirchlich festgelegten Tarifmodell entlohnt. Anstatt einer höchst ungewissen und unsicheren Zukunft beim Tod des Pfarrers, bei Berufsunfähigkeit oder Erreichen einer „Altersgrenze“ trat ein Bündel sozialer Versicherungsregelungen, die im Grundsatz mutatis mutandis denjenigen nichtkirchlicher Angestellter entsprechen. Diözesen gewähren den Priestern Zuschüsse zum Gehalt der Haushälterinnen.

Das Berufsbild der Pfarrhaushälterinnen änderte sich ebenso wie die materiellen Rahmenbedingungen grundlegend, die schließlich zu einer tariflichen, sozial- und versicherungsrechtlichen Absicherung und Altersversorgung führten. Die Rolle der Pfarrhaushälterin, die an der veränderten Stellung der Laien, vor allem der Frauen in Kirche und Gesellschaft, partizipiert, wird nicht mehr allein aus der Sorge um die Führung des Priesterhaushaltes, sondern auch aus den Funktionen des Pfarrhauses für die Gemeinde definiert. Der Anteil der Haushälterinnen, die in Teilzeit arbeiten, nimmt zu. Während lange vor allem enge Verwandte des Seelsorgers den Beruf ausübten, sind es seither hauptsächlich Frauen ohne familiäre Bindungen dieser Art.

Trotz der beachtlichen Wandlungen regen die aktuellen Zahlen zum Nachdenken an. In Deutschland gibt es insgesamt etwa 9.000 katholische Pfarrhaushälterinnen, wovon mehr als 7.000 die Pensionsgrenze bereits überschritten haben (Stand im Jahr 2003). Die Tendenz in absoluten Zahlen ist weiterhin rückläufig, eine Trendwende ist nicht in Sicht. Die Zahlen für Österreich belegen eine ähnliche Entwicklung. Zu Beginn des 21. Jahrhunderts gab es insgesamt etwas mehr als 2.100 Pfarrhaushälterinnen, von denen zwei Drittel Pensionistinnen sind. Trotz der quantitativen Rückgänge ist es verfrüht, von einem „aussterbenden Beruf" zu sprechen.

8. Frauen in Seelsorge und Katechese

Die Anfänge

In die ersten Jahrzehnte des 20. Jahrhunderts reichen die Anfänge der Seelsorge zurück, die von Frauen hauptberuflich ausgeübt worden ist. Die Entstehung dieses Frauenberufes im Sinne der Erwerbsarbeit hängt mit dem Neuaufbruch in der Seelsorge zusammen, der aus den stark veränderten gesellschaftlichen Rahmenbedingungen für kirchliches Handeln resultiert. Katholische Großereignisse, wie der Caritastag in Dortmund (1906) oder die Katholikentage in Mainz (1911) und Metz (1913), sowie Vereine, Organisationen verschiedener Ausrichtung und diverse Zeitschriften befassten sich damals mit der Einbeziehung von Laien in die Seelsorge.[67] Im Jahre 1909 zog der Wiener Pastoraltheologe Heinrich Swoboda in seinem Buch „Großstadtseelsorge" erstmals „auch ausdrücklich Frauen als Mitarbeiterinnen in der Seelsorge" in Erwägung.[68] Als eine mögliche Antwort auf die „Entchristlichung" der Gesellschaft infolge der Industrialisierung, Urbanisierung, Metropolisierung und ihrer Auswirkungen, die neue Wege, Hilfsmittel und Handlungskonzepte kirchlicherseits erforderten, wurde auf dem Mainzer Katholikentag im Jahre 1911 eine Intensivierung des Laienapostolates angesehen. Auch Frauen sollten in die seelsorgliche Mitarbeit einbezogen und für einen beruflichen Einsatz zuvor entsprechend befähigt werden. Noch im selben Jahr wurde auf Betreiben des Deutschen Caritasverbandes (DCV) die „Freie Vereinigung für Seelsorgehilfe" in Hannover errichtet, die sich unter anderem der Ausbildung von Frauen in der Seelsorge widmete.

Binnen relativ kurzer Zeit wurde so der Weg zum Ausbau des ehrenamtlichen und nichtberuflichen Laienapostolats im

Rahmen der Pfarrgemeinde beschritten und die zukunftsträchtige Entwicklung der beruflichen Mitarbeit der Frau im Dienste der Seelsorge vorangetrieben. Einen Einschnitt stellt diesbezüglich das Jahr 1918 dar, in dem erstmals Frauen hauptamtlich in größeren Städten Deutschlands angestellt wurden, um die Pfarrseelsorge zu unterstützen. Zwei Jahre später entstand auf Initiative von Prälat Dr. Lorenz Werthmann (1858–1921), dem Gründer und ersten Präsidenten des Deutschen Caritasverbandes, die „Caritasschule" als eine der ersten Bildungsstätten, aus denen „Berufsarbeiter für die Seelsorgehilfe und Caritas" hervorgehen sollten. Die „Soziale Frauenschule" und „Caritasschule" – beide wurden ein Jahr später zusammengelegt – boten Kurse für Gemeindehelferinnen beziehungsweise katholische Seelsorgehelferinnen an. Es handelte sich um einen völlig neuen, noch kaum bekannten kirchlichen Frauenberuf. Seit Dezember 1920 wurden die ersten Rundbriefe an die „Caritashelferinnen", die späteren Gemeinde- beziehungsweise Seelsorgehelferinnen, versandt. Von 1921 an erfolgte deren Ausbildung nach staatlichen Lehrplänen der „Sozialen Frauenschule". Doch musste ein eigenes kirchliches Examen am Ende der Schulung abgelegt werden. Auch in Schlesien wurde im Jahre 1924 eine Ausbildungsstätte geschaffen: die Gemeindehelferinnenschule in Breslau, die auf die „Freie Vereinigung für Seelsorgehilfe" zurückging.

Die Entwicklung des Berufes der hauptamtlichen Seelsorgerin in Deutschland ist maßgeblich von zwei Persönlichkeiten der kirchlichen Pastoral geprägt worden: vom Kamillianerpater Wilhelm Wiesen (1889–1980) und der Freiburgerin Margarete Ruckmich (1894–1985), die als Begründerin des Frauenberufs in der Seelsorge gilt. Wilhelm Wiesen, der die „Freie Vereinigung für Seelsorgehilfe" mitbegründet hatte und von 1920 bis 1947 als Referent für Caritas und Seelsorgehilfe tätig war, setzte sich besonders für die Mitarbeit von Frauen in der Kirche ein und sah als einen entsprechenden

Aufgabenbereich den weiten Raum der Seelsorge an. Die Zusammenarbeit mit Margarete Ruckmich, die aus einer alteingesessenen Freiburger Kaufmannsfamilie stammte und von 1921 bis 1923 die Soziale Frauenschule des Deutschen Caritasverbandes absolvierte, wurde wegweisend für die weitere Entwicklung. Geradezu programmatisch war Ruckmichs Schrift „Die katholische Gemeindehelferin", die sie 1925 unter dem Pseudonym „Maura Philippi" verfasste und die im Übrigen das Berufsbild bekannter machte.

Professionalisierung der Ausbildung zur Gemeindehelferin in Deutschland

Nach den Anfangsjahren, in denen der wachsende Bedarf an hauptamtlichen pastoralen Dienstkräften weiblichen Geschlechts in Deutschland sichtbar geworden war, wurde die Aus- und Fortbildung der Gemeindehelferinnen schrittweise erweitert, spezialisiert und zugleich professionalisiert. Erstmals fand im Jahre 1926 ein Spezialkurs für Fragen der beruflichen Seelsorge statt, woran 60 Frauen teilnahmen, die in den Pfarrgemeinden pastorale Hilfsdienste leisteten. Dieser Kurs wurde von der Abteilung Seelsorgehilfe des Deutschen Caritasverbandes und der „Freien Vereinigung für Seelsorgehilfe" veranstaltet. Die deutschen Bischöfe gewährten ihre Zustimmung dafür, dass der Deutsche Caritasverband zwei Jahre später die „Katholische Gemeindehelferinnenschule" – die erste Schule dieser Art in Deutschland – in Freiburg im Breisgau errichtete, die seit 1934 „Seminar für Seelsorgehilfe" hieß. Margarete Ruckmich war anfangs als Wiesens Assistentin in die Schulleitung integriert und sollte dieses Seminar dann fast 30 Jahre lang, von 1937 bis 1965, eigenständig leiten, davon seit 1960 als Direktorin. Ihr lag an einer fachlich soliden, stark berufspraktischen und erkennbar religiösen

Bildung der Frauen. In den ersten 25 Jahren wurden über 600 Frauen ausgebildet, woraus alle Diözesen Nutzen ziehen konnten. Aus- und Fortbildungskurse ergänzten einander.

Wie in anderen Bereichen schlossen sich die in der Seelsorge engagierten Frauen zu einem Berufsverband zusammen. So wurde schon im Jahre 1926 in Freiburg die „Berufsgemeinschaft katholischer Gemeindehelferinnen" ins Leben gerufen, die auf die „Erhaltung und Pflege religiöser Berufsauffassung und apostolischer Berufsfreudigkeit" zielte.[69] Die erste Geschäftsführerin des Verbandes wurde Margarete Ruckmich, Pater Wilhelm Wiesen nahm die Funktion eines Geistlichen Beirates wahr. Beide hatten im Übrigen die Freiburger Gründung initiiert. Da die staatlichen beziehungsweise nationalsozialistischen Wohlfahrtsbehörden für ihre Mitarbeiterinnen die Bezeichnung „Gemeindehelferin" verwandten, ging man kirchlicherseits in den 30er Jahren dazu über, fortan von „Seelsorgehelferin" zu sprechen. Folglich gab es ab 1938 die „Berufsgemeinschaft katholischer Seelsorgehelferinnen", die vier Jahre zuvor als *pia unio* kanonisch anerkannt worden war. Die Geschäftsstelle sollte 1967 von Freiburg nach Frankfurt am Main verlegt werden, und 1973 sollte die Umbenennung in „Berufsgemeinschaft katholischer Frauen im pastoralen Dienst e. V." erfolgen.

Nach dem Zweiten Weltkrieg entstanden rasch weitere Ausbildungsseminare für Seelsorgehelferinnen in Deutschland, so zum Beispiel 1946 in Elkeringhausen (Sauerland) und Ilbenstadt, 1948 in Erfurt und Magdeburg. Die letztgenannte Gründung wurde 1990 auch für Männer geöffnet; bis zum 50-jährigen Bestehen des Magdeburger Seminars für Gemeindepastoral absolvierten 480 Studierende die Abschlussprüfung. Im Jahre 1949 schlossen sich die inzwischen auf ein Dutzend angestiegenen Schulen für die Ausbildung von Seelsorgehelferinnen in einer eigenen Arbeitsgemeinschaft zusammen. Weitere Gründungen von Ausbildungsstätten folgten. Wenn in der

DDR, unter den Bedingungen einer kommunistischen Zwangsherrschaft, die Pastoral aufrechterhalten werden konnte, lag dies mit an den Gemeindehelferinnen, welche den Priestern und den Gläubigen beistanden, und auch an der Unterstützung durch den „Bonifatiusverein für das katholische Deutschland" (seit 1967 „Bonifatiuswerk") mit Sitz in Paderborn.

In der weiteren, bis heute reichenden Ausprägung der pastoralen Dienste in der Kirche wurde ein neues theologisches Verständnis von Seelsorge wirksam, das vom Zweiten Vatikanischen Konzil grundgelegt worden ist. Dieses überwand – so der Freiburger Pastoraltheologe Hubert Windisch – die „vorkonziliare Sicht, die Seelsorge als hirtenamtliche Tätigkeit auf die kirchlichen Amtsträger beschränkt und eine hierarchisch geprägte Versorgungspastoral impliziert", und verhalf einer Perspektive zum Durchbruch, „die dem gemeinsamen Priestertum aller Getauften eine eigenständige Basis zuerkennt".[70] Insofern zielen die Konzilsväter auf „eine Verwiesenheit zwischen dem seelsorglichen Tun der Amtsträger und dem seelsorglichen Wirken aller Getauften". Nichts spricht nach den Darlegungen von Windisch dagegen, „den Titel ‚Seelsorgerin' und ‚Seelsorger' auch für Diakone oder pastorale Laienberufe zu verwenden".[71]

Auf den pastoralen Professionalisierungsprozess wirkte sich das Zweite Vatikanische Konzil fördernd aus – ebenso die Würzburger Synode. Der eigenständige Aufgabenbereich von Laien in der Seelsorge wurde somit theologisch abgesichert, ihr Einsatz – wie bisher gemeinhin üblich – mit einer eigenen kirchlichen Beauftragung (*missio canonica*) verbunden, das theologische Qualifikationsspektrum erweitert, wie noch weiter unten darzulegen ist. Bedeutsam war, dass aus der Tätigkeit der „Helferin des Priesters (oder Pfarrers)" ein spezifischer, weltkirchlich anerkannter Dienst an der Gemeinde werden konnte. Die schulischen Ausbildungszugänge zum Beruf wurden vermehrt und die berufspraktischen Vorbereitungen um dezidiert religionspädagogische und spirituell-wissenschaftliche Angebote ergänzt. Seelsorgehelferinnen und Katechetinnen wurden ab den beginnenden 70er Jahren nicht mehr nur an Seminaren und Fachschulen, sondern auch an neugegründeten kirchlichen Fachhochschulen wie in Mainz, Paderborn, Freiburg und Eichstätt ausgebildet. Hier wurden religionspädagogische Fachbereiche eingerichtet. Das Fachhochschuldiplom trug in gewisser Weise zur Verwissenschaftlichung der Ausbildung bei, eröffnete den Weg zu einem universitären Studium der Theologie und ermöglichte insgesamt eine größere berufliche Mobilität. Ab 1969 wurden auch Männer zur Ausbildung zugelassen, doch blieben sie bis heute in einer relativ kleinen Minderheit in diesem Berufszweig. Da das Qualifikationsniveau für die pastorale Ausbildung insgesamt angehoben worden war und die Bezeichnung „Seelsorgehelferin" in den Augen mancher Frau – und der Berufsgemeinschaft – den dienenden Aspekt zu sehr zu betonen schien, kam es mit Billigung der Deutschen Bischofskonferenz zu einer Aufwertung des Berufsbildes, indem von 1974 an statt dessen das berufliche Wirken mit „Gemeindereferentin" (und „Gemeindereferent") beschrieben werden sollte. In der Anfangszeit der Tätigkeit sollte von „Gemeindeassistentin" (und „Gemeindeassistent") gesprochen werden. Es war absehbar, dass sich die Berufsgemeinschaft in „Gemeinschaft Katholischer Gemeindereferentinnen" umbenennen würde, was 1995 geschah.[72] Anlässlich des 70-jährigen Bestehens der Seminarausbildung in Freiburg wurde ein Namenswechsel vollzogen: Die Ausbildungsstätte heißt seither „Fachakademie zur Ausbildung von Gemeindereferentinnen und Gemeindereferenten. Kirchliches Seminar". Zum Gedenken an die Frau, die in ganz bemerkenswerter Weise die Genese der Ausbildung zu Gemeindehelferinnen (und Gemeindereferentinnen) vorangetrieben und geprägt hat, wurde die Ausbildungsstätte 1998 in „Margarete Ruckmich Haus" umbenannt.

Der Beruf Gemeindereferentin

Für den Beruf Gemeindereferentin oder Gemeindereferent, „den ältesten Laienberuf im Seelsorgebereich“[73], wird gewöhnlich das Qualifikationsniveau eines Fachhochschulstudiums (oder einer Absolvierung einer Fachschule) vorgeschrieben. Anders als beim Beruf Pastoralreferentin oder Pastoralreferent handelt es sich hier um eine berufliche Tätigkeit, die in der Praxis weitestgehend von Frauen ausgeübt wird. In der Diözese Rottenburg-Stuttgart belief sich der Frauenanteil vor mehr als zehn Jahren auf etwa 90%. Daher ist es zulässig, von einem typischen „Frauenberuf“ zu sprechen.

Von einer Gemeindereferentin wird unter anderem erwartet, Religionsunterricht zu erteilen, in der Sakramentenpastoral und Katechese mitzuarbeiten, Gruppen und Vereine der Pfarrgemeinde zu betreuen, allgemeine und spezifische Gottesdienste vorzubereiten und mitzugestalten, sich um Kinder und Jugendliche, Alte und Kranke zu kümmern, bestimmte administrative Vorgänge mit Gemeindebezug im Pfarrbüro mit zu erledigen. Die Erwartungen vor Ort gingen und gehen oft über das hinaus, was in den diözesanen Richtlinien für die Arbeit einer Gemeindereferentin festgehalten ist. Um die Jahrtausendwende arbeiteten wohl etwa 3.500 Gemeindereferentinnen und – allerdings in kleiner Minorität – Gemeindereferenten in den deutschen Diözesen und im deutschsprachigen Ausland.

Wie wichtig und zukunftsweisend das berufliche Engagement der Gemeindereferentinnen bleibt, unterstreicht der Erfurter Pastoraltheologe Franz Georg Friemel: „Gemeindereferentinnen werden da, wo sie leben und Dienst tun, zeigen, dass die Emanzipation der Frau – auch der ‚Frau in der Kirche‘ – nicht zur Sinnentleerung der weiblichen Existenz wird, sondern zu Tiefe und Reife führt.“[74]

Der Beruf Pastoralreferentin

Um Pastoralreferentin oder Pastoralreferent (zu Beginn der beruflichen Laufbahn Pastoralassistentin oder -assistent genannt) in den deutschen Bistümern werden zu können, ist ein theologisches Hochschulstudium nötig, was im Übrigen den wichtigsten Unterschied zum Beruf der Gemeindereferentin oder des Gemeindereferenten darstellt. Es handelt sich somit um eine vergleichsweise hochqualifizierte Seelsorgetätigkeit, die von Frauen und Männern gewählt wird. Nach einer Erhebung in der Diözese Rottenburg-Stuttgart vor mehr als zehn Jahren war ein Drittel der Beschäftigten Frauen. Zu den Einsatzgebieten zählen die Gemeindepastoral und kategoriale Bereiche der Seelsorge, beispielsweise im Schulwesen, Krankenhaus, Alten- und Pflegeheim, Gefängnis oder beim Militär, sowie Aufgaben in Bildung und Medien. Verkündigung und Dienste in Liturgie und Diakonie gehören wesentlich zur beruflichen Tätigkeit. Infolge des seit einigen Jahrzehnten prekären Priestermangels ist Pastoralreferentinnen und Pastoralreferenten vielfach zugedacht, gewöhnlich vom Priester wahrgenommene Aufgaben, die nicht zwingend eine Weihe erfordern, in wachsendem Maße zu übernehmen. Dieser Entwicklung, die zur erhöhten Einstellung von Pastoralreferentinnen und Pastoralreferenten führen würde, sind freilich durch die enger werdenden finanziellen Handlungsspielräume der Diözesen Grenzen gesetzt.

Wenn sich der neue Beruf in der katholischen Kirche nach dem Zweiten Vatikanischen Konzil ausprägen konnte, hängt dies mit dessen Aufwertung der Laien in der Kirche und mit der allmählichen Öffnung des Theologiestudiums an Universitäten für Laien, Männern wie Frauen, zusammen, worauf im nächsten Kapitel näher eingegangen wird. Im überarbeiteten kirchlichen Gesetzbuch von 1983 wird allen Laien ohne Unterschied des Geschlechts das Theologiestudium zugestanden.

Wie Laien mit Qualifikationen in Bereichen kirchlicher Seelsorge auszuwählen und einzusetzen waren, wurde ab den 70er Jahren näher geregelt. Der Aufbruch zu einem neuen pastoralen Berufsbild wurde durch den Beschluss „Die pastoralen Dienste in der Gemeinde" der „Gemeinsamen Synode der Bistümer in der Bundesrepublik Deutschland" von 1975 geebnet. Während Laien bis dahin hier und da in der Seelsorge unterschiedlich eingesetzt – so zum Beispiel anfangs im Erzbistum München auf Gemeindeebene und im Bistum Münster auf Pfarrverbandsebene – und dienstrechtlich behandelt worden waren, kam es in den nachfolgenden Jahren zu verbindlichen Regelungen seitens der Deutschen Bischofskonferenz in Form von Beschlüssen und Rahmenordnungen, so dass ein einheitliches Qualifikations- und Tätigkeitsprofil des neuen Berufs Pastoralreferentin beziehungsweise Pastoralreferent in Deutschland entstand. Die Rahmenstatuten von 1978/79 wurden bis 1987 überarbeitet. In der Zwischenzeit war deutlich geworden, dass der neue Beruf keine pastorale Übergangslösung im Zeichen des Priestermangels – eine Wende zu mehr priesterlichen Berufungen war nicht in Sicht – darstellte, sondern im Gemeindeleben einen unverzichtbaren Stellenwert errungen hatte. Dass Frauen ihre Charismen in der neuen beruflichen Tätigkeit mit variablen Einsatzfeldern entfalten konnten, war zumeist auf Akzeptanz gestoßen. Zugleich sahen immer mehr Theologiestudentinnen im Beruf der Pastoralreferentin eine Alternative zu denjenigen im Schul- und Bildungswesen, im Sozial- und Medienbereich, in Mission und Entwicklungszusammenarbeit. Doch wurde die Zahl der zu besetzenden Stellen in den einzelnen Diözesen – das hieß im Wesentlichen der neu zu schaffenden – auch im Überschwang euphorischer Aufbrüche der nachkonziliaren Zeit schlichtweg überschätzt; Enttäuschungen bei den Studienabgängerinnen blieben nicht aus. Die konkrete Ausübung der pastoralen Dienste konnte vor

Ort, in der Pfarrgemeinde oder in Bereichen der kategorialen Seelsorge, zuweilen auf Schwierigkeiten stoßen, wenn das Zueinander von Pfarrer, Diakon und Pastoralreferent(in) in der Praxis des Gemeindelebens auf Abstimmungsprobleme, Professionalisierungsdefizite, überkommene Rollenkonflikte oder überzogene Berufserwartungen stieß.

Im Jahre 1998 waren 2.568 Pastoralreferenten und Pastoralreferentinnen in den deutschen Diözesen tätig (1988: 1.339). Der Frauenanteil belief sich in dieser Berufsgruppe auf ein Drittel (1988: 30,25%). Damals waren die Pastoralreferenten und Pastoralreferentinnen fast zu 60% in der Pfarrgemeinde eingesetzt, zu rund 10% in der kategorialen Seelsorge, wie in Krankenhäusern oder in Diensten an Behinderten.

Zur Anerkennung weiblichen hauptberuflichen Engagements in der Seelsorge haben aufs Ganze gesehen viele Pastoralreferentinnen beigetragen und zugleich Hoffnungen wachsen lassen, dass die Einsatzmöglichkeiten von hochqualifizierten Frauen mit absolviertem Theologiestudium und gegebenenfalls mit Promotion vonseiten der katholischen Kirche noch nicht ausgeschöpft sind. Wie dem auch immer sein mag, dürfte die pastorale Tätigkeit von Frauen nicht allein in Kategorien der Macht und des Einflusses in der Kirche hinreichend gewürdigt werden können.

Zum Profil pastoraler Ausbildung und Dienste in Österreich und der Schweiz

Ebenso wie in Deutschland prägte eine Frau die Genese der Ausbildung und des Einsatzes von hauptberuflichen Seelsorgehelferinnen in Österreich maßgeblich mit: Dr. Hildegard Holzer (1904–1995) aus Krems war die Tochter von Anna Holzer, die in der Zwischenkriegszeit als Präsidentin der Katholischen Frauenorganisation Niederösterreich vorstand und gleichzeitig auch als christlichsoziale Abgeordnete im Gemeinderat und Landtag fungierte. Die selbstbewusste Tochter eines Lehrerehepaares verbrachte nach dem Studium der Staatswissenschaften in Wien ein Auslandsjahr am „Bedford College for Women" der Universität London und fand über eine Tätigkeit als Fürsorgerin beim niederösterreichischen Landesjugendamt und über den katholischen „Bund Neuland" zunächst zur Betreuung von Mädchen. Als Sekretärin kümmerte sie sich von 1932 bis 1934 um die Belange des „Reichsverbandes der katholischen Mädchenvereine" in Graz und zog mit nach Wien, als dessen Kanzlei dorthin verlegt wurde. Dort gelangte sie über die Vermittlung von Prälat Dr. Karl Rudolf (1886–1965) in das Seelsorgeamt des erzbischöflichen Ordinariates und wurde mitten im Geschehen des Zweiten Weltkrieges – im Jahre 1941 – sogar zu dessen Leiterin bestellt. Dass eine Frau eine solche Spitzenposition in der katholischen Ortskirche einnahm, war schon recht ungewöhnlich für die damalige Zeit. In den bewegten Kriegsjahren trug Hildegard Holzer Sorge für seelsorgliche Bildungskurse für Laien, ganz überwiegend Frauen, die dann in den Pfarrgemeinden mit aushalfen. Im Seelsorgeamt des Ordinariates arbeitete sie eng mit der promovierten Philosophin Margarete Schmid (1914–1997) zusammen, die 1949 in Wien theologische Kurse für Laien begründete und zehn Jahre später den bis heute bestehenden „Fernkurs für theologische Laienbildung" einführte. Diese Tiroler Kollegin erlangte 1956 als eine der ersten Frauen den Doktorgrad in Theologie an der Universität Wien.

Als der Zweite Weltkrieg endete, fielen die Vorschläge von Hildegard Holzer zur Neuorganisation pastoraler Ausbildung und zur Befähigung weiblicher Handlungsträger in der Seelsorge bei Kardinalerzbischof Dr. Theodor Innitzer von Wien (1932–1955) auf fruchtbaren Boden. Dessen Zustimmung ermöglichte noch im Oktober 1945 die Gründung der

„Wiener Diözesanschule für Seelsorgehilfe und Caritas", die drei Jahre später in „Seminar für kirchliche Frauenberufe" umbenannt und seither von der Österreichischen Bischofskonferenz getragen wird. Die Leitung der Ausbildungsstätte, die schließlich in der ehemaligen Sommerresidenz der Wiener Erzbischöfe im 13. Gemeindebezirk der Hauptstadt untergebracht wurde, hatte Hildegard Holzer, eine geradlinige und durchsetzungsstarke Frau, von 1945 bis 1968 inne. Nach mitunter mühevollen Anfangsjahren gelang es, die jungen Seelsorgehelferinnen dienstrechtlich abzusichern und auch eine ausreichende finanzielle Entgeltung ihres Dienstes durchzusetzen. Die 1947 auf drei Jahre verlängerte Ausbildung bestand aus theologisch-religionspädagogischen Schulungen und Praktika und sollte die Absolventinnen für den Einsatz in allen relevanten pastoralen Handlungsfeldern befähigen: von der Kinder- und Jugendarbeit, dem Religionsunterricht und der Sakramentenkatechese über die Erwachsenenbildung bis hin zur Seelsorge an alten und kranken Menschen. Wert wurde auf die individuelle Persönlichkeitsbildung und die pastoral-religiöse Ganzheitlichkeit der Ausbildung gelegt, womit ein Einsatz in einer groß- oder kleinstädtischen oder Landgemeinde ermöglicht werden sollte.

Nach dem Ausscheiden Holzers aus der Leitung wurde die Schule auch für Männer geöffnet und in „Seminar für kirchliche Berufe" umbenannt. Zudem wurde dazu übergegangen, in Anlehnung an das pastorale Berufsbild in Deutschland nicht mehr die Bezeichnung „Seelsorgehelferin", sondern „Pastoralassistentin" – und „Pastoralassistent" – zu verwenden.

Mit dem Adjektiv „diplomiert" beziehungsweise „akademisch" wurden die beiden Berufsgruppen unterschieden, die sich nach dem Zweiten Vatikanischen Konzil wie in Deutschland ergaben. Der Pastoralassistentin oder dem Pastoralassistenten dort entsprechen in Österreich die Pastoralpraktikantin oder der Pastoralpraktikant. Neben das Wiener

Seminar für Kirchliche Berufe traten seit 1945 als Ausbildungsstätten die katholisch-theologischen Fakultäten der Universitäten, wo die Zahl der Laientheologinnen und Laientheologen rasch anstieg. Qualifizierungsanforderungen und Berufsprofil klärten sich auch in Österreich erst allmählich. Der Einsatz von professionellen beziehungsweise hochqualifizierten Laien in der traditionellen Territorialpastoral beziehungsweise in der klassischen Pfarrei erforderte klare ekklesiologische Verortungen und Abgrenzungen vom Wirken des Pfarrers oder Priesters. Die Akzeptanz von Pastoralassistentinnen vor Ort verlief offensichtlich nicht ohne Irritationen und Widerstände, die jedoch bis zum beginnenden 21. Jahrhundert überwindbar erschienen. Die Pluralisierung weiblicher Lebensentwürfe benötigte ein flexibles pastorales Handlungskonzept seitens der Kirche, in dem auch die Pastoralassistentinnen ihren Platz fanden.

Im Vergleich mit Deutschland, wo die spezifische Geschichte der Laientheologen und Laientheologinnen begonnen hat, und mit Österreich weist die entsprechende Entwicklung in der Schweiz mehrere Besonderheiten auf. Diese erklären sich aus der sprachregionalen, diözesanen und allgemein kirchlichen Differenzierung der Eidgenossenschaft. Dort haben sich zwei pastorale Dienste ausgeformt, der des Katecheten oder der Katechetin und der des Laientheologen oder der Laientheologin. Die letztgenannte Berufsbezeichnung bezieht sich anders als in Deutschland ausschließlich auf den Pastoralassistenten oder die Pastoralassistentin. In der Schweiz wird der Begriff „Referent“ anders als in Deutschland aufgefasst und deshalb in diesem Zusammenhang auf ihn verzichtet.

Im Jahre 1964 wurde das Katechetische Institut Luzern (KIL) gegründet und an die Katholisch-Theologische Fakultät Luzern angegliedert. Dieses Institut bildet Frauen und Männer für gemeindekatechetische Dienste, die Mithilfe in der Pfarrei und den Religionsunterricht in der Volksschule aus.

Bekanntlich teilt sich die Schweizer Bischofskonferenz auf in die „Conférence des Ordinaires de Suisse romande" und die „Deutschschweizerische Ordinarienkonferenz", welche die Bezeichnung „Pastoralassistentinnen und Pastoralassistenten" geprägt hat. Die grundlegenden Texte und Impulse des Zweiten Vatikanischen Konzils beachtend, fassten die deutschsprachigen Diözesen beziehungsweise diejenigen Bistümer, die einen deutschsprachigen Bistumsanteil haben, Synodenbeschlüsse (Synode 72) zur Mitarbeit von Laien. Diese Synode wurde interdiözesan vorbereitet, allerdings diözesan durchgeführt. Im Jahre 1972 verabschiedeten die Ordinariate von Basel, Chur und Sankt Gallen Richtlinien, ebenso 1978 die Deutschschweizerische Ordinarienkonferenz. Die Schweizer Bischofskonferenz erließ dann 1988 eine Rahmenordnung (ein Jahr später gab es auch in Luxemburg ein bischöfliches Statut für hauptamtliche Laienmitarbeiter im pastoralen Dienst). So entstand ein partikulares kirchliches Regelwerk, welches den Einsatz der Frauen und Männer in der Seelsorge klärte und strukturierte. Hauptsächlich im Gebiet der deutschsprachigen Schweiz arbeiten seither die Pastoralassistentinnen und Pastoralassistenten, die zumeist auf der Ebene der Kirchgemeinden beziehungsweise Pfarreien angestellt sind. Für die Ausübung dieses Berufes ist ein universitäres Studium der Theologie Voraussetzung. Zu den Aufgabenbereichen gehören die Verkündigung, zum Beispiel die Schul- und Gemeindekatechese sowie der Religionsunterricht, die Liturgie (mit Wortgottesdiensten und Sakramentenpastoral), die Diakonie, die Standes- und Spezialseelsorge.

9. Frauen in der theologischen Wissenschaft

Mit den ersten Hochschulen, die in Paris und Bologna im hohen Mittelalter entstanden, begann eine Bildungs- und Wissenschaftsgeschichte, die bis ins 20. Jahrhundert hinein von Männern geprägt und gestaltet worden ist. Das Studium der (katholischen) Theologie war bis dahin ausschließlich Männern vorbehalten. Dass also Frauen dieses Fach studieren konnten, ist erst ein jüngeres Phänomen im Rahmen der Zeitgeschichte. Wenn heute Frauen ihrem Studium an den universitären Fakultäten für katholische Theologie und an den theologischen oder religionswissenschaftlichen Instituten im deutschen Sprachraum nachgehen oder nach den entsprechenden Qualifizierungsphasen forschen und lehren, ist dies angesichts der mehr als 800-jährigen Universitätsgeschichte keine Selbstverständlichkeit.

Seit den 70er Jahren des 19. Jahrhunderts kam es in einigen Ländern Europas dazu, dass Frauen zu „profanen Fächern" zugelassen wurden. Nach der Jahrhundertwende öffneten sich auch Universitäten im deutschsprachigen Raum weiblichen Studierenden. Obgleich diese allein auf „profane Fächer" verwiesen waren, konnten sie für Dissertationsvorhaben gegebenenfalls Themen mit Bezug zur Theologie, näherhin zur Kirchengeschichte oder zur Kanonistik, wählen. Dies war zum Beispiel der Fall bei den ersten beiden, schon erwähnten Schweizer Juristinnen Hilde Vérène Borsinger (1897–1986) und Gertrud Heinzelmann (1914–1999).[75] In grundsätzlicher Hinsicht änderte sich die Lage erst nach dem Zweiten Weltkrieg, zunächst in Deutschland und Österreich, dann in der Schweiz, als Laien und damit auch Frauen der Zugang zum Theologiestudium erlaubt wurde. Bis dahin stand dieses nur Priesteramtskandidaten und männlichen Ordensangehörigen gemäß dem kirchlichen Gesetzbuch von 1917 offen. Mehrere Beispiele können den langen und mühevollen Anweg der Frauen in die universitäre Lebenswelt und Wissenschaft veranschaulichen.

Um mit der Katholisch-Theologischen Fakultät der Universität Graz in der Steiermark zu beginnen: Die erste (und damals einzige) Frau, die sich für das Theologiestudium immatrikulierte, war Inge Nagele im Wintersemester 1945/46 – zusammen mit 86 Männern. Im Juli 1961 wurde erstmals eine Frau zur Doktorin der Theologie promoviert (Ingeborg Janssen), 1985 erstmals eine Frau mit dem theologischen Ehrendoktorat ausgezeichnet (Elisabeth Gössmann), 1993 erstmals eine Frau – zugleich überhaupt in Österreich – habilitiert (Irmtraud Fischer), 1997 erstmals eine Frau auf einen Lehrstuhl berufen (Anne Jensen). Die Katholisch-Theologische Fakultät der Universität Graz hat einen wissenschaftlichen Preis für hervorragende Studien zur Frauen- und Geschlechterforschung nach Elisabeth Gössmann benannt, die im Sommersemester 1993 dort als Gastprofessorin lehrte.

Interessanterweise konnte eine Frau in Österreich bereits zum ersten Mal im Jahre 1933 ein Theologiestudium aufnehmen, und zwar die promovierte Juristin Charlotte Leitmaier an der Katholisch-Theologischen Fakultät in Wien. Ihr hatte der Wiener Kardinalerzbischof Dr. Theodor Innitzer die Erlaubnis dazu gegeben. Trotz eines Studienabschlusses in Theologie wurde Charlotte Leitmaier aufgrund ihres Geschlechtes „zum theologischen Doktorat nicht zugelassen“.[76] Gleichwohl konnte sie nach der Mittelschullehramtsprüfung für Religion im Herbst 1936 als erste Katechetin in der Donaumetropole tätig werden. Zwölf Jahre später wurde sie an der rechts- und staatswissenschaftlichen Fakultät in Wien habilitiert. Ihre 1952 publizierte Habilitationsschrift trägt den Titel: „Die Kirche und die Gottesurteile". Die Zeitläufe nach dem Zweiten Weltkrieg waren für die Benediktinerin Anna von Bolschwing († 1995) aus altem westfälischem Adelsgeschlecht günstiger. Nachdem sie Studien an der Katholisch-Theologischen Fakultät der Universität Prag von 1941 bis 1945 und anschließend in Salzburg absolviert hatte, wurde sie als erste Theologin Österreichs 1946 in Wien promoviert. Die an der dortigen Katholisch-Theologischen Fakultät vorgelegte Dissertation galt „Eva Maria Fleisch von Lerchenfeld geb. Rettinger, Äbtissin des Benediktinerstiftes Nonnberg in Salzburg (1625–1638)". In diesem Kloster wurde die Promovierte Archivarin.

Im gesellschaftspolitischen und kirchlichen Gefüge der Schweiz nimmt die Universität Freiburg im Uechtland, gelegen inmitten des katholischen Gebietes der Eidgenossenschaft, seit ihrer Gründung im Jahre 1889 eine herausgehobene Rolle ein. An der dortigen Katholisch-Theologischen Fakultät erfolgte die erste Immatrikulation von Frauen im Jahre 1956. Die erste von dieser Fakultät promovierte Theologin im Jahre 1963 war eine Amerikanerin, Mary Daly. Diese sollte zu einer Vorkämpferin der feministischen Theologie werden; zwei Jahre später folgte ebenfalls an der dortigen Universität ihre Promotion in Philosophie. Als erste Frau wurde 1989 Silvia Schroer an der Freiburger Fakultät habilitiert. Sie leitete von 1987 bis 1992 das Schweizerische Katholische Bibelwerk und ist als katholische Theologin seit 1997 Inhaberin des Lehrstuhls für Altes Testament und Biblische Umwelt an der Evangelisch-Theologischen Fakultät der Universität Bern.

Was Deutschland anbelangt, erhielten Frauen mittels einer Sondererlaubnis in den 20er Jahren des 20. Jahrhunderts Zugang zum Studium an der Katholisch-Theologischen Fakultät der Universität Münster in Westfalen. Nach dem Zweiten Weltkrieg öffneten sich allmählich die Tore der Universitäten für Laien zum Theologiestudium. Weibliche

Studierende der Theologie waren ab dem Jahre 1948 in München zugelassen. Weitere deutsche Universitäten folgten. Das Zweite Vatikanische Konzil tolerierte nicht einfach die einzelnen Öffnungstendenzen der vorkonziliaren Zeit im Hochschulsektor, sondern machte sich zum Fürsprecher und Förderer des Theologiestudiums von Laien, Männern und Frauen. Auch darin liegt die bleibende Bedeutung des Konzils für Bildung und Wissenschaft – weit über die katholische Kirche hinaus. Hinsichtlich der Öffnung des Theologiestudiums entsprach das kirchliche Gesetzbuch von 1983 dem Wunsch der Konzilsväter. Der Strom der Theologiestudierenden beiderlei Geschlechts schwoll in Deutschland stark an; das Phänomen der „Massenuniversität" machte vor den Toren der katholisch-theologischen Fakultäten nicht halt. Mittlerweile wird es allgemein als Gewinn in der Kirche angesehen, dass sich immer mehr Frauen in der nachkonziliaren Zeit dafür entschieden, katholische Theologie zu studieren.

Nach der Zulassung weiblicher Studierender in den Nachkriegsjahren war in gewisser Hinsicht absehbar, dass erste theologische Promotionen folgen würden. An der Katholisch-Theologischen Fakultät der Universität München wurden im Jahre 1954 zwei Frauen promoviert, die später zu profilierten Theologinnen und engagierten Teilnehmerinnen des öffentlichen Diskurses werden sollten: Elisabeth Gössmann und Uta Ranke-Heinemann. Ein Jahr zuvor war Gertrude Reidick der Doktorgrad des kanonischen Rechts am Kanonistischen Institut dieser Universität verliehen worden. In den Jahren 1963 und 1964 gab es die ersten theologischen Doktorate von Frauen in Münster (Barbara Albrecht und Irene Willig). An der Katholisch-Theologischen Fakultät der Universität Bonn fand im Jahre 1969 die erste theologische Promotion einer Doktorandin (Helen Schüngel-Straumann) statt.

Ein Problem war indes in den 60er Jahren aufgetaucht: Konnten Laien in Theologie habilitiert werden?[77] Und damit zusammenhängend: Welche Stellung konnten sie im universitären Lehrkörper einnehmen – außerhalb des so genannten Mittelbaus, wo Laien bereits tätig waren? Als Elisabeth Gössmann 1962/63 eine Habilitationsschrift an der Katholisch-Theologischen Fakultät der Universität München vorgelegt hatte, war sie mit dem Hinweis auf das ungelöste Problem der Stellung der Laien abgewiesen worden.[78] Es bedurfte eines mühsamen Klärungsprozesses, bevor sich die Deutsche Bischofskonferenz 1972 dazu durchrang, die Habilitation und die Berufung von Laien auf Professuren beziehungsweise Lehrstühle an den katholisch-theologischen Fakultäten zuzulassen.

Von den angeführten katholischen Theologinnen ist zweifellos Uta Ranke-Heinemann die größte Aufmerksamkeit in den deutschen Medien zuteil geworden. Hierzu trug bei, dass sie, die älteste Tochter des protestantischen, von 1969 bis 1974 amtierenden Bundespräsidenten Gustav Heinemann, 1953 zum Katholizismus konvertierte, sich für die Friedensbewegung engagierte und sich als Kandidatin der Partei des Demokratischen Sozialismus (PDS) 1999 für die Bundespräsidentenwahl aufstellen ließ, aus der ihr angeheirateter Neffe Johannes Rau siegreich hervorging. Sie trat mit kritischen, teilweise sehr polemischen Stellungnahmen zu manchen kirchlichen Fragen hervor und musste es als Theologieprofessorin an der Universität Essen (seit 1985) hinnehmen, dass ihr 1987 der Ortsbischof Franz Hengsbach (1957–1991) die Lehrbefugnis entzog. Ihr bekanntestes Werk trug den Titel „Eunuchen für das Himmelreich. Katholische Kirche und Sexualität“ (1988).

Seit den 80er Jahren übernahmen Frauen nach den entsprechenden theologischen Qualifizierungsphasen Führungspositionen im Gefüge von Wissenschaft und Universität. Herlinde Pissarek-Hudelist (1932–1994), die verheiratet und vierfache Mutter war, wurde Österreichs erste Theologieprofessorin. Sie wurde 1984 zum „Vorstand" des neu gegründeten Instituts für Katechetik und Religionspädagogik und dann 1988 zur Dekanin der Katholisch-Theologischen Fakultät der Universität Innsbruck gewählt.[79] Sie war weltweit die erste Frau, die als Dekanin einer katholisch-theologischen Fakultät fungierte. Sie gehörte zu den Mitherausgeberinnen der ersten Auflage des „Wörterbuches der Feministischen Theologie" (1991). Ebenfalls als Dekanin stand die deutsche Dogmatikprofessorin Barbara Hallensleben einer Fakultät in der Schweiz vor. Sie lehrt seit dem Jahre 1994 an der Universität Freiburg im Uechtland und wurde 2004 als erste Frau zusammen mit der Amerikanerin Sara Butler in die Internationale Theologenkommission des Vatikans berufen, welche auch die Glaubenskongregation berät. In wachsendem Maße stützen sich nationale und regionale Bischofskonferenzen auf Theologinnen als Beraterinnen und Gutachterinnen.

Die „Europäische Gesellschaft für theologische Forschung von Frauen" (ESWTR) entstand als Netzwerk für Frauen, die in der theologischen Wissenschaft tätig sind. Hier fanden sich europäische Frauen verschiedener christlicher Konfessionen und Religionen zusammen, um sich gegenseitig auszutauschen. Das Netzwerk wurde 1986 in der Schweiz gegründet und umfasst derzeit über 500 Mitglieder. Alle zwei Jahre wird eine Tagung veranstaltet, die sich mit einem aktuellen feministisch-theologischen Thema befasst. Im Jahre 1983 wurde die Zeitschrift „Schlangenbrut" gegründet, welche die älteste Zeitschrift für feministische Theologie und Spiritualität im deutschen Sprachraum ist. Es folgten „Fama" (1985) als die feministisch-theologische Zeitschrift der Schweiz und „Apfel" als diejenige des „Österreichischen Frauenforums Feministische Theologie" (1986).

Der 1998 gegründete Verein „AGENDA – Forum katholischer Theologinnen" ist bestrebt, dem Bedürfnis nach einem kontinuierlichen Informations- und Erfahrungsaustausch nachzukommen, bei der Berufs- und Zukunftsgestaltung zu helfen, die theologische Frauenforschung sichtbar zu machen, insbesondere Frauen in Wissenschaft, Kirche und Gesellschaft zu fördern und Hochschulkarrieren zu ebnen. Dieses Netzwerk ist aus dem Katholischen Deutschen Frauenbund hervorgegangen.

Gemessen an der Zahl der Studentinnen, der promovierten und habilitierten Frauen im Bereich der katholischen Theologie des deutschen Sprachraumes sind indes vergleichsweise wenige Universitätsprofessuren des Faches mit Frauen besetzt. Um dieses Defizit zu beheben, sind verschiedene, noch verbesserungswürdige Förderprogramme in Kraft gesetzt worden: von großen Wissenschaftsorganisationen, Stiftungen, Ministerien und der Kirche. Gleichwohl kann die Situation von Frauen in der theologischen Forschung und Lehre im deutschen Sprachraum je nach Universität, Bundesland oder Kanton, Diözese und Stadt variieren, mitunter in starkem Maße.

Hoffnungsvoll mag stimmen, dass es inzwischen im deutschsprachigen Raum zahlreiche Fächer im Kanon der universitären Theologie gibt, in denen Theologinnen promoviert, habilitiert und als Professorinnen berufen worden sind. Dass die katholische Kirche ebenso wie Wissenschaft und Universität es sich nicht leisten kann, auf Frauen in wichtigen und zentralen Positionen und auf ihren spezifischen Beitrag zu verzichten, sollte im 21. Jahrhundert nicht mehr strittig sein.

Anmerkungen

1 Ingetraut Ludolphy, Frau. VI. Reformationszeit, in: TRE 11 (1983) 441–443.
2 Gisela Muschiol, Katholikinnen und Moderne – Forschung und Perspektiven, in: Dies., Katholikinnen 1–9, siehe 1.
3 Georges Duby – Michelle Perrot, Vorwort. Eine Geschichte der Frauen schreiben, in: Dieselben (Hg.), Geschichte der Frauen II, 9.
4 Vgl. Berlis, Historikerin 15.
5 Altermatt, Katholizismus und Moderne 203.
6 Michela De Giorgio, Das katholische Modell, in: Duby – Perrot, Geschichte der Frauen IV, 187–220, siehe 190.
7 Doris Brodbeck, Einleitung, in: Dies., Unerhörte Worte 15–22, hier 17.
8 Ebd. 15.
9 Greven-Aschoff, Frauenbewegung 71.
10 Hauch, Themen der Frauenbewegungen 980f.
11 Kronthaler, Frauenfrage 48–51.
12 Hauch, Themen der Frauenbewegungen 994.
13 Kronthaler, Frauenfrage 56.
14 Daten zur interkonfessionellen Frauengeschichte der Schweiz bei Brodbeck, Unerhörte Worte 304–308.
15 Altermatt, Katholizismus und Moderne 203.
16 Emilie Gutzwiller-Meyer, Text des Begrüßungswortes, in: Brodbeck, Unerhörte Worte 39–42, hier 40.
17 Ebd. 41.
18 Ebd.
19 Yvonne Kane, Pionierleistung für die Frauenbildung, in: frauenbunt. Zeitschrift des Schweizerischen Katholischen Frauenbundes SKF 5 (2002) 7.
20 Sack, Frauenbewegung 1.
21 Zur Situation der Frauen und weiblicher Organisationen während der Zeit der nationalsozialistischen Gewaltherrschaft: Gisela Bock, Nationalsozialistische Geschlechterpolitik und die Geschichte der Frauen, in: Duby – Perrot, Geschichte der Frauen V, 173–204.
22 Kronthaler, Frauenfrage 30.
23 Hauch, Frauen in der Politik 281.
24 Ebd. 281–283.
25 Kronthaler, Frauenfrage 145f.
26 Fanny Starhemberg, Die katholische Frauenbewegung, in: Hudal, Katholizismus 305–318, hier 311.

27 Frieda von Mikola, Die katholische weibliche Jugendbewegung, in: Hudal, Katholizismus 292–304, siehe 304.

28 Liebmann, Kirche 412.

29 Zitiert nach Yvonne Kane, Erste Schritte in die Eigenständigkeit, in: frauenbunt. Zeitschrift des Schweizerischen Katholischen Frauenbundes SKF 5 (2002) 8.

30 Pankoke-Schenk, Frauenfrage 304.

31 Ebd.

32 Vgl. hierzu im Jahre 1993 Karl Lehmann, Einführung, in: Frauen und Kirche 5–10, hier 8: „Der Prozentsatz derer, die sich besonders einsetzen für die Übertragung des Diakonen- und vor allem des Priesteramtes an Frauen, ist relativ sehr klein, deckt sich aber weitgehend mit der wichtigen Gruppe der Multiplikatoren."

33 Die Eingabe an das Zweite Vatikanische Konzil ist in Auszügen wiedergegeben bei Brodbeck, Unerhörte Worte 222–231, Zitat hier 231. Eine Autobiografie liegt vor: Gertrud Heinzelmann, Die geheiligte Diskriminierung (Bonstetten 1986).

34 Brodbeck, Unerhörte Worte 230f.

35 So die Zentralpräsidentin Verena Bürgi-Burri (seit 1999) im Interview, in: frauenbunt. Zeitschrift des Schweizerischen Katholischen Frauenbundes SKF 5 (2002) 14.

36 So anlässlich des 90-jährigen Bestehens des Frauenbundes die verantwortliche Redakteurin Yvonne Kane, Ein Blick zurück, in: frauenbunt. Zeitschrift des Schweizerischen Katholischen Frauenbundes SKF 5 (2002) 3.

37 Altermatt, Katholizismus und Moderne 209.

38 Ein Verzeichnis der weiblichen Reichs- und Landtagsabgeordneten des Zentrums und der Bayerischen Volkspartei (mit kurzen biografischen Angaben) bei Sack, Frauenbewegung 410–423, die Skizze einer Kollektivbiografie ebd. 92–113.

39 Dominica J. Ballof, Christine Teusch (1888–1968), in: Aretz, Zeitgeschichte in Lebensbildern, Bd. 2, 202–213, hier 205.

40 Süssmuth, Frau und Kirche 221–230, hier 221.

41 Rita Süssmuth [in ihrer Begrüßungsansprache], in: Karl Lehmann (Hg.), Religionsunterricht in der offenen Gesellschaft. Ein Symposion im Bonner Wasserwerk (Stuttgart-Berlin-Köln 1998) 23–28.

42 Schwan, Wissenschaft 33–75, hier 40.

43 Schödl, Gottes starke Töchter 189.

44 Zitiert nach Andrea Ertl, Olga Rudel-Zeynek – Die erste Frau an der Spitze des Bundesrates, in: Parlamentsdirektion, Rudel-Zeynek 5–19, hier 13.

45 Hauch, Frauenstandpunkt 276.
46 Christa Mutter, Im Dienst des Katholizismus. Hilde Vérène Borsinger und Lina Beck-Meyenberger im Schweizerischen Katholischen Frauenbund, in: Brodbeck u. a., Aufbrüche 94–102, hier 96.
47 Doris Brodbeck, Erfüllung im Beruf? Reformierte Theologinnen und das ökumenische SAFFA-Kirchlein 1958, in: Ebd. 51–55, hier 52.
48 Der Bericht mit der Resolution in Brodbeck, Unerhörte Worte 163–165.
49 Ebd. 164.
50 Zitiert nach Beinert, Frauenbefreiung und Kirche 132. Vgl. Sabine Demel, Gleichwertig, aber ausgeschlossen vom Empfang des Weihesakraments. Frauen im Recht der katholischen Kirche, in: Sohn-Kronthaler – Kaindl, frau.macht.kirche 123–130, hier 130: „… stünde es der Kirche, vertreten durch ihr kirchliches Lehramt, sehr gut an, in der Frauenfrage endlich ein offizielles Schuldbekenntnis zu sprechen. Ein aufrichtiges ‚mea culpa' der Kirche über ihre jahrhundertelange Unterdrückung, Demütigung und Missachtung von Frauen hätte einen hohen Symbolgehalt."
51 Zitiert nach Beinert, Frauenbefreiung und Kirche 132f.
52 Ders., Die durstigen Töchter der Samariterin oder: Des Gottesvolkes langer Marsch zum Jakobsbrunnen. Die Antinomie des kirchlichen Frauenbildes, in: Pissarek-Hudelist, Frau 152–176, hier 175.
53 Demel, Gleichwertig, aber ausgeschlossen 130.
54 Wolfgang Beinert, Die Frauenfrage im Spiegel kirchlicher Verlautbarungen, in: Ders., Frauenbefreiung und Kirche 77–97, hier 83.
55 Zitiert nach ebd. 113.
56 Ebd.
57 Siehe Richard Puza, Frau. VII. Kirchenrechtlich, in: LThK^3 4 (1995) 70f.; des Weiteren Riedel-Spangenberger, Rechtsstellung der Frau.
58 Riedel-Spangenberger, Rechtsstellung der Frau 133.
59 Seit 1996 liegt eine detaillierte Untersuchung über die Beschäftigungsverhältnisse von Frauen bei der Diözese Rottenburg-Stuttgart als Arbeitgeber vor: Bender u. a., Machen Frauen Kirche?
60 Georg Sterzinsky, Begrüßung und thematische Einführung, in: Geschlechtergerechtigkeit 6.
61 Eine Zusammenstellung für den Bereich der Deutschen Bischofskonferenz in: Ebd. 83–102.
62 http://www.horizonte-aargau.ch/c,s.archiv/index. Horizonte 30–31/2006, 23. Juli 2006, abgerufen am 7. August 2006.
63 Aktivitätsbericht der Amtszeit 2001–2006, in: http://www.fraekommissioun.syntax.lu/100.html, abgerufen am 9. Oktober 2006.

64 Sämtliche Zahlenangaben nach Erwin Gatz, Vom Ende des Ersten Weltkrieges bis zum Beginn der nationalsozialistischen Herrschaft, in: Ders., Klöster 291–310, hier 309f.

65 Ein Verzeichnis der Opfer bei Moll, Zeugen, Bd. II, 1014–1031, siehe zu weiteren Blutzeugen dieser Kongregation ebd. 1031–1037.

66 Martin Leitgöb, Die Orden nach dem Zweiten Vatikanischen Konzil: Erneuerung, Krise, Transformation, in: Gatz, Klöster 369–411, hier 385.

67 Eine instruktive Zeittafel zur Entwicklung der pastoralen Dienste insbesondere von Frauen in der katholischen Kirche bietet Rumstadt, Ruckmich 315–322.

68 Ebd. 9.

69 Ebd. 317.

70 Hubert Windisch, „Wer unter euch der Größte sein will …" Amtliche Seelsorge im Miteinander, in: Margarete-Ruckmich-Haus, Jubiläums-Dokumentation 8–19, hier 12.

71 Ebd. 13

72 Rumstadt, Ruckmich 322.

73 Bender u. a., Machen Frauen Kirche 154.

74 Franz Georg Friemel, Zur Zukunft der Gemeindereferentinnen, in: Dubiel u. a., Tradition 188–199, Zitat auf 199.

75 Die Dissertationen: Hilde Vérène Borsinger, Rechtsstellung der Frau in der katholischen Kirche. Dissertation der rechts- und staatswissenschaftlichen Fakultät Zürich (Borna-Leipzig 1930) (Textauszüge aus der Dissertation Borsingers in: Brodbeck, Unerhörte Worte 89–94). Die Dissertation von Gertrud Heinzelmann wurde von der Rechtswissenschaftlichen Fakultät der Universität Zürich im Jahr 1942 angenommen: Gertrud Heinzelmann, Das grundsätzliche Verhältnis von Kirche und Staat in den Konkordaten (Aarau 1943).

76 Teufl, Universitätsstudium 92.

77 Erstmalig im ganzen deutschen Sprachraum wurde mit Johannes B. Bauer an der Grazer Katholisch-Theologischen Fakultät 1962 ein Laie habilitiert.

78 Elisabeth Gössmann schrieb ihre Lebenserinnerungen in der Autobiografie „Geburtsfehler: weiblich. Lebenserinnerungen einer katholischen Theologin (München 2003)" nieder.

79 Ihr zu Ehren fand ein Gedenk-Symposium 1995 statt: Bader – Heizer, Theologie erden (Bibliografie ihrer Veröffentlichungen hier 151–156).

Literaturhinweise

In den bibliografischen Hinweisen werden Reihentitel nicht eigens genannt.

Folgende Lexika wurden benutzt:

Biographisch-Bibliographisches Kirchenlexikon, 28 Bde. (Hamm-Herzberg-Nordhausen 1975–2007).

Dizionario degli Istituti di Perfezione, 10 Bde. (Roma 1974–2003).

Frauenlexikon. Wirklichkeiten und Wünsche von Frauen. Hg. von Anneliese Lissner u. a. (Freiburg 1988).

Historisches Lexikon der Schweiz (http://www.hls-dhs-dss.ch).

Lexikon des Mittelalters. 9 Bde. (München 1980–1998).

Lexikon für Theologie und Kirche (LThK), 1. Aufl. 10 Bde. (Freiburg 1930–1938); 2. Aufl. 10 Bde. (Freiburg-Basel 1957–1965; Register: Freiburg 1967; II. Vatikanisches Konzil: Freiburg u. a. 1966–1968); 3. Aufl. 11 Bde. (Freiburg u. a. 1993–2001).

Neue Deutsche Biographie, Bd. 1ff. (Berlin 1953).

Theologische Realenzyklopädie (TRE), 36 Bde. (Berlin-New York 1977–2004).

Wörterbuch der Feministischen Theologie. Hg. von Elisabeth Gössmann u. a. (Gütersloh [2]2002).

Allgemeine Auswahlbibliografie

Aigner Maria Elisabeth – Bucher Rainer, „Nicht länger Planeten um männliche Fixsterne ..." Warum verlassen die Frauen die Kirche?, in: Bucher Rainer (Hg.), Die Provokation der Krise. Zwölf Fragen und Antworten zur Lage der Kirche (Würzburg 2004) 63–85.

Altermatt Urs, Der Weg der Schweizer Katholiken ins Ghetto. Die Entstehungsgeschichte der nationalen Volksorganisationen im Schweizer Katholizismus 1848–1919 (Zürich-Einsiedeln-Köln 1972).

Altermatt Urs, Katholizismus und Antisemitismus. Mentalitäten, Kontinuitäten, Ambivalenzen. Zur Kulturgeschichte der Schweiz 1918–1945 (Frauenfeld-Stuttgart-Wien 1999).

Altermatt Urs, Katholizismus und Moderne. Zur Sozial- und Mentalitätsgeschichte der Schweizer Katholiken im 19. und 20. Jahrhundert (Zürich 1989).

Aretz Jürgen u. a. (Hg.), Zeitgeschichte in Lebensbildern. Aus dem deutschen Katholizismus des 19. und 20. Jahrhunderts, Bd. 2 (Mainz 1975); Bd. 3 (Mainz 1979).

Bendel-Maidl Lydia (Hg.), Katholikinnen im 20. Jahrhundert: Bilder, Rollen, Aufgaben (Berlin u. a. 2007).

Brodbeck Doris u. a. (Hg.), Siehe, ich schaffe Neues. Aufbrüche von Frauen in Protestantismus, Katholizismus, Christkatholizismus und Judentum (Bern 1998).

Brodbeck Doris, Unerhörte Worte. Religiöse Gesellschaftskritik von Frauen im 20. Jahrhundert (Bern-Wettingen 2003).
Döpfner Julius, Verlauf, Leitlinien und Impulse der Gemeinsamen Synode der Bistümer in der Bundesrepublik Deutschland 1971–1975 (Bonn 1975).
Duby Georges – Perrot Michelle (Hg.), Geschichte der Frauen, 5 Bde. (Frankfurt am Main-New York 1993–1995).
Frauen und Kirche. Eine Repräsentativbefragung von Katholikinnen im Auftrage des Sekretariats der Deutschen Bischofskonferenz durchgeführt vom Institut für Demoskopie Allensbach, 1. Febr. 1993 (Bonn 1993).
Gatz Erwin (Hg.), Kirche und Katholizismus seit 1945, Bd. 1: Mittel-, West- und Nordeuropa (Paderborn 1998).
Gatz Erwin (Hg.), Laien in der Kirche (Freiburg-Basel-Wien 2008).
Geschlechtergerechtigkeit in Beruf und Familie für Frauen in verantwortlichen Positionen in der Kirche, Dokumentation der Fachtagung am 17./18. März 2005 veranstaltet von der Unterkommission „Frauen in Kirche und Gesellschaft" im Auftrag der Pastoralkommission der Deutschen Bischofskonferenz (Bonn [o. J.]).
Gorschenek Günter (Hg.), Katholiken und ihre Kirche in der Bundesrepublik Deutschland (München-Wien ^{2}1977).
Götz von Olenhusen Irmtraud (Hg.), Frauen unter dem Patriarchat der Kirchen. Katholikinnen und Protestantinnen im 19. und 20. Jahrhundert (Stuttgart 1995).
Haslinger Herbert u. a. (Hg.), Handbuch Praktische Theologie, 2 Bde. (Mainz 2000).
Hauff Adelheid von (Hg.), Frauen gestalten Diakonie, Bd. 2 (Stuttgart 2006).
Imstepf Armin, Die schweizerischen Katholikentage 1903–1954. Geschichte, Organisation, Programmatik und Sozialstruktur (Freiburg 1987).
Jensen Anne – Sohn-Kronthaler Michaela (Hg.), Formen weiblicher Autorität – Erträge historisch-theologischer Frauenforschung (Münster 2005).
Karrer Leo, Katholische Kirche Schweiz. Der schwierige Weg in die Zukunft (Freiburg/Schweiz 1991).
Kronthaler Michaela, Die Frauenfrage als treibende Kraft. Hildegard Burjans innovative Rolle im Sozialkatholizismus und Politischen Katholizismus vom Ende der Monarchie bis zur „Selbstausschaltung" des Parlamentes (Graz 1995).
Liebmann Maximilian, Von der Dominanz der katholischen Kirche zu freien Kirchen im freien Staat – vom Wiener Kongress bis zur Gegenwart, in: Leeb Rudolf u. a. (Hg.), Geschichte des Christentums in Österreich. Von der Spätantike bis zur Gegenwart (Wien 2003) 406–417.
Moll Helmut (Hg.), Zeugen für Christus. Das deutsche Martyrologium des 20. Jahrhunderts, Bd. II, Paderborn ^{3}1999.
Muschiol Gisela (Hg.), Katholikinnen und Moderne. Katholische Frauen-

bewegung zwischen Tradition und Emanzipation (Münster 2003).
Ökumenische Kirchengeschichte der Schweiz. Hg. von Vischer Lukas u. a. (Freiburg-Basel ^{2}1998).
Österreichischer Synodaler Vorgang. Dokumente. Hg. vom Sekretariat des Österreichischen Synodalen Vorgangs. Redaktion: Hummer Franz (Wien 1974).
Pankoke-Schenk Monika, Katholizismus und Frauenfrage, in: Rauscher Anton (Hg.), Der soziale und politische Katholizismus. Entwicklungslinien in Deutschland 1803–1963, Bd. 2 (München-Wien 1982) 278–311.
Pissarek-Hudelist Herlinde (Hg.), Die Frau in der Sicht der Anthropologie und Theologie (Düsseldorf 1989).
Plate Manfred, Das deutsche Konzil. Die Würzburger Synode, Bericht und Deutung (Freiburg 1975).
Rauscher Anton (Hg.), Kirche und Staat in der Bundesrepublik Deutschland 1949–1963 (Paderborn 1979).
Schmitt Sigrid (Hg.), Frauen und Kirche (Stuttgart 2002).
Schneider Theodor (Hg.), Mann und Frau – Grundproblem theologischer Anthropologie (Freiburg 1989).
Siegele-Wenschkewitz Leonore u. a. (Hg.), Frauen gestalten Geschichte. Im Spannungsfeld zwischen Religion und Geschlecht (Hannover 1998).
Sohn-Kronthaler Michaela – Kaindl Heimo (Hg.), frau.macht.kirche. Ausstellungskatalog (Graz 2006).
Sohn-Kronthaler Michaela – Sohn Andreas, Frauen in der Kirche, in: Gatz Erwin (Hg.), Laien in der Kirche (Freiburg-Basel-Wien 2008) 483–519.
Weinzierl Erika, Emanzipation? Österreichische Frauen im 20. Jahrhundert (Wien 1975).
Weiss Sabine, Die Österreicherin. Die Rolle der Frau in 1000 Jahren Geschichte (Graz-Wien 1996).

Spezielle Auswahlbibliografien

Kapitel 1: Frauen in Religion und katholischer Kirche

Albrecht Ruth, „Wir gedenken der Frauen, der bekannten wie der namenlosen". Feministische Kirchengeschichtsschreibung, in: Schaumberger Christine – Maaßen Monika (Hg.), Handbuch feministische Theologie (Münster ^{2}1988) 312–322.
Albrecht Ruth, Am Anfang eines langen Weges. Frauen- und Geschlechterforschung in der Kirchengeschichte, in: Dingel Irene (Hg.), Feministische Theologie und Gender-Forschung. Bilanz – Perspektiven – Akzente (Leipzig 2003) 67–96.
Berlis Angela, Die Historikerin als Detektivin. Ansätze und Erträge der

historischen Spurensicherung für feministische „Kirchengeschichten“, in: Dies. – Methuen Charlotte (Hg.), Feministische Zugänge zu Geschichte und Religion (Leuven 2000) 9–40.
Bock Gisela, Geschichte, Frauengeschichte, Geschlechtergeschichte, in: Geschichte und Gesellschaft 14 (1988) 364–391.
Conrad Anne (Hg.), „In Christo ist weder man noch weyb“: Frauen in der Zeit der Reformation und der katholischen Reform (Münster 1999).
Dautzenberg Gerhard u. a. (Hg.), Die Frau im Urchristentum (Freiburg 1983) (Sonderausgabe Freiburg 1986).
Egeria itinerarium. Reisebericht. Übersetzt und eingeleitet von Röwekamp Georg (Freiburg u. a. 1995).
Feld Helmut, Frauen des Mittelalters. Zwanzig geistige Profile (Köln-Weimar-Wien 2000).
Fischer Irmtraud, Gotteskünderinnen. Zu einer geschlechterfairen Deutung des Phänomens der Prophetie und der Prophetinnen in der Hebräischen Bibel (Stuttgart 2002).
Fischer Irmtraud, Gotteslehrerinnen. Weise Frauen und Frau Weisheit im Alten Testament (Stuttgart 2006).
Fischer Irmtraud, Gottesstreiterinnen. Biblische Erzählungen über die Anfänge Israels (Stuttgart ^{2}2000).
Fößel Amalie, Die Königin im mittelalterlichen Reich. Herrschaftsausübung, Herrschaftsrechte, Handlungsspielräume (Stuttgart 2000).
Gause Ute, Geschlecht als historische Kategorie. Was leistet eine feministische Perspektive für die Kirchengeschichte? Ein Diskussionsbeitrag, in: Doering-Manteuffel Anselm – Nowak Kurt (Hg.), Kirchliche Zeitgeschichte. Urteilsbildung und Methoden (Stuttgart-Berlin-Köln 1996) 164–179.
Heimerl Theresia, Weibliche Erinnerung an eine männliche Kultur? Von der (Un)Möglichkeit geschlechtsspezifischer Erinnerung, in: Dies. – Prenner Karl (Hg.), Kultur und Erinnerung. Beiträge zur Religions-, Kultur- und Theologiegeschichte. Festschrift für Karl M. Woschitz (Regensburg 2005) 61–76.
Hirschbiegel Jan – Paravicini Werner (Hg.), Das Frauenzimmer. Die Frau bei Hofe in Spätmittelalter und Früher Neuzeit (Stuttgart 2000).
Janz Oliver, Das evangelische Pfarrhaus, in: Étienne François – Schulze Hagen (Hg.), Deutsche Erinnerungsorte, Bd. 3 (München ^{2}2002) (Broschierte Sonderausgabe 2003) 221–238.
Jensen Anne, Gottes selbstbewusste Töchter. Frauenemanzipation im frühen Christentum? (Münster ^{2}2003).
Krone und Schleier. Kunst aus mittelalterlichen Frauenklöstern. Ausstellungskatalog. Hg. von der Kunst- und Ausstellungshalle der Bundesrepublik Deutschland, Bonn, und dem Ruhrlandmuseum Essen (München-Bonn-Essen 2005).

Kronthaler Michaela, FrauenWEGE 2003 – Auf den Spuren religiös bewegter Frauen in Graz, in: Wieser Ilse – Behr Bettina (Hg.), „WOMENT! – Eine Würdigung der Grazer FrauenStadtGeschichte (Innsbruck-Wien-Bozen 2004) 197–205.
Les tendances actuelles de l'histoire du Moyen Âge en France et en Allemagne. Actes des colloques de Sèvres (1997) et de Göttingen (1998) organisés par le Centre National de la Recherche Scientifique et le Max-Planck-Institut für Geschichte, sous la direction de Jean-Claude Schmitt et Otto Gerhard Oexle (Paris 2002).
Medick Hans – Trepp Ann-Charlott (Hg.), Geschlechtergeschichte und Allgemeine Geschichte (Göttingen 1998).
Muschiol Gisela, Kirchenhistorische Marginalien? Mittelalter, Genderdifferenzierung und ihre Forschungsperspektiven, in: Theologische Quartalschrift 184 (2004) 243–253.
Schreiner Klaus, Maria. Jungfrau, Mutter, Herrscherin (München 1996).
Sohn Andreas (Hg.), Memoria: Kultur – Stadt – Museum / Mémoire: Culture – Ville – Musée (Bochum 2006).
Sohn-Kronthaler Michaela, Frauen der steirischen Kirchengeschichte, Lebensentwürfe, in: Lackner Franz – Mantl Wolfgang (Hg.), Identität und offener Horizont. Festschrift für Egon Kapellari (Wien-Graz-Klagenfurt 2006) 441–455.
Thekla – die Apostolin. Ein apokrypher Text neu entdeckt. Übersetzt und kommentiert von Jensen Anne (Freiburg 1995).
Valerio Adriana, Cristianesimo al feminile. Donne protagoniste nella storia delle Chiese (Napoli 1990).
Valerio Adriana, Die Frau in der Geschichte der Kirche, in: Concilium 21 (1985) 428–434.
Valerio Adriana, Donne e bibbia (Bologna 2006).
Wagener Ulrike, Die Ordnung des „Hauses Gottes". Der Ort von Frauen in der Ekklesiologie und Ethik der Pastoralbriefe (Tübingen 1994).
Wolf Hubert, Den ganzen Tisch der Tradition decken. Tendenzen und Perspektiven neuzeitlicher Kirchengeschichte, in: Theologische Quartalschrift 184 (2004) 254–276.

Kapitel 2: Zu Frauen in Kirche und Gesellschaft des 19. Jahrhunderts

Arbeitskreis für kirchliche Zeitgeschichte (AKKZG), Münster, Katholiken zwischen Tradition und Moderne. Das katholische Milieu als Forschungsaufgabe, in: Westfälische Forschungen 43 (1993) 588–654.
Arbeitskreis für kirchliche Zeitgeschichte, Münster, Konfession und Cleavages im 19. Jahrhundert, in: Historisches Jahrbuch 120 (2000) 358–395.
Mooser Josef, Das katholische Milieu in der bürgerlichen Gesellschaft.

Zum Vereinswesen im späten Deutschen Kaiserreich, in: Blaschke Olaf – Kuhlemann Frank-Michael (Hg.), Religion im Kaiserreich. Milieus – Mentalitäten – Krisen (Gütersloh 1996) 59–92.

Schneider Bernhard, Feminisierung der Religion im 19. Jahrhundert. Perspektiven einer These im Kontext des deutschen Katholizismus, in: Trierer Theologische Zeitschrift 111 (2002) 123–147.

Kapitel 3: Weibliches Vereins- und Verbandswesen

ACFL (éd.), Action Catholique des Femmes du Luxembourg. 50e Anniversaire 1946–1996 (Luxembourg 1996).

Baumann Ursula, Protestantismus und Frauenemanzipation in Deutschland 1850–1920 (Frankfurt am Main 1992).

Breuer Gisela, Frauenbewegung im Katholizismus. Der Katholische Frauenbund 1903–1918 (Frankfurt am Main-New York 1998).

Deutsch Heidrun, Franziska Fürstin Starhemberg. Eine Biographie. Ungedr. phil. Diss. (Wien 1967).

frauenbunt. Zeitschrift des Schweizerischen Katholischen Frauenbundes SKF 5 (2002).

Greven-Aschoff Barbara, Die bürgerliche Frauenbewegung in Deutschland 1894–1933 (Göttingen 1981).

Hauch Gabriella, „Arbeit, Recht und Sittlichkeit" – Themen der Frauenbewegungen in der Habsburgermonarchie, in: Rumpler Helmut – Urbanitsch Peter (Hg.), Die Habsburgermonarchie 1848–1918. Politische Öffentlichkeit und Zivilgesellschaft. Vereine, Parteien und Interessensverbände als Träger der politischen Partizipation. Bd. VIII/1 (Wien 2006) 965–1003.

Hauch Gabriella, Frauenbewegungen – Frauen in der Politik, in: Tálos Emmerich u. a. (Hg.), Handbuch des politischen Systems Österreichs. Erste Republik 1918–1933 (Wien 1995) 277–291.

Hauch Gabriella, Vom Frauenstandpunkt aus. Frauen im Parlament 1919–1933 (Wien 1995).

Heim Ortwin, Die katholischen Vereine im deutschsprachigen Österreich 1848–1855 (Salzburg 1990).

Hudal Alois (Hg.), Der Katholizismus in Österreich. Sein Wirken, Kämpfen und Hoffen (Innsbruck-Wien-München 1931).

Kall Alfred, Katholische Frauenbewegung in Deutschland. Eine Untersuchung zur Gründung katholischer Frauenvereine im 19. Jahrhundert (Paderborn 1983).

Karner Hemma, Die Entstehung und Entwicklung von katholischen Frauenvereinen in der Steiermark im 19. Jahrhundert. Ungedr. theol. Diplomarbeit (Graz 1995).

Klieber Rupert, Die Genese der christlichsozialen Partei Salzburgs: (Politischer) Katholizismus in der Provinz zwischen 1899 und 1919 (Salzburg 1991).
Kogler Nina, Für Kirche, Partei und „Vaterland". Zur politischen und kirchlichen Organisation katholischer Frauen Österreichs in der ersten Hälfte des 20. Jahrhunderts am Beispiel von Frieda Mikola (1881–1958). Ungedr. theol. Diplomarbeit (Graz 2007).
Kopp Barbara, Die Unbeirrbare. Wie Gertrud Heinzelmann den Papst und die Schweiz das Fürchten lehrte (Zürich 2003).
Krebs Leopold, Das caritative Wirken der katholischen Kirche in Oesterreich im zwanzigsten Jahrhundert (Graz-Wien 1927).
Kronthaler Michaela, Hildegard Burjans christliches Sozialengagement im Spiegel kirchlicher Sozialaussagen, in: Gerl-Falkovitz Hanna-Barbara u. a., Handeln aus der Kraft des Glaubens (Wien 2004) 29–45.
Leisching Peter, Die Römisch-Katholische Kirche in Cisleithanien, in: Wandruszka Adam – Urbanitsch Peter (Hg.), Die Habsburgermonarchie 1848–1918, Bd. 4: Die Konfessionen (Wien 1985) 1–247.
Mutter Christa, Frauenbild und politisches Bewusstsein im Schweizerischen Katholischen Frauenbund. Der Weg des SKF zwischen Kirche und Frauenbewegung. Lizentiatsarbeit (Fribourg 1987).
Paletschek Silvia, Kinder – Küche – Kirche, in: Étienne François – Schulze Hagen (Hg.), Deutsche Erinnerungsorte, Bd. 2 (München [2]2002); (Sonderausgabe 2003) 419–433.
Pammer Herta, Frauenbewegung. Festschrift der kfb. Katholische Frauenbewegung der Erzdiözese Wien 1945–2005. Hg. von der Katholischen Frauenbewegung der Erzdiözese Wien (Wien [2006]).
Prégardier Elisabeth – Mohr Anne, Politik als Aufgabe. Engagement christlicher Frauen in der Weimarer Republik (Annweiler-Essen 1990).
Sack Birgit, Zwischen religiöser Bindung und moderner Gesellschaft. Katholische Frauenbewegung und politische Kultur in der Weimarer Republik (1918/19–1933) (Münster 1998).
Sauer Walter, Katholisches Vereinswesen in Wien. Zur Geschichte des christlichsozial-konservativen Lagers vor 1914 (Salzburg 1980).
Schernthaner Maria, Die katholische Frauenbewegung in Wien 1848–1914. Von den ersten Vereinsgründungen zur katholischen Reichsfrauenorganisation. Ungedr. geisteswiss. Diss. (Wien 1985).
Schmitt M. – Hellinghausen G., Christentum und Kirche in Luxemburg, Bd. 2: Kirche im Werden und Wachsen eines Volkes (Straßburg 1990).
Schöffmann Irene, Die Bürgerliche Frauenbewegung im Austrofaschismus. Eine Studie zur Krise des Geschlechterverhältnisses am Beispiel des Bundes österreichischer Frauenvereine und der Katholischen Frauenorganisation für die Erzdiözese Wien. Phil. Diss. (Wien 1986).

Schöffmann Irene, Ein (anderer) Blick auf die katholische Frauenbewegung der Zwischenkriegszeit, in: Österreich in Geschichte und Literatur 28 (1984) 155–168.
Sprenger Viol Inge, Drei Wege ins Bundeshaus. Elisabeth Blunschy, Josi J. Meier, Judith Stamm (Luzern 2003).
Vorburger Esther, Der Schweizerische katholische Frauenbund (SKF) und die Geistlichkeit. Der Verbandsalltag zwischen Abhängigkeit und Selbstständigkeit. Vom politischen Tiefschlaf 1929 zum emanzipatorischen Erwachen 1946. Lizentiatsarbeit (Zürich 2000).
Der Weltgebetstag der Frauen: Situation und Zukunft der Ökumene (Münster 2006).

Kapitel 4: Katholikinnen im öffentlichen und politischen Leben

Bader-Zaar Birgitta, Frauenbewegungen und Frauenwahlrecht, in: Rumpler Helmut – Urbanitsch Peter (Hg.), Die Habsburgermonarchie 1848–1918. Politische Öffentlichkeit und Zivilgesellschaft. Vereine, Parteien und Interessensverbände als Träger der politischen Partizipation. Bd. VIII/1 (Wien 2006) 1005–1027.
Breulmann Hermann u. a., Begabung als Herausforderung (Paderborn 1991).
Elisabeth Schwarzhaupt (1901–1986). Portrait einer streitbaren Politikerin und Christin. Hg. von der Hessischen Landesregierung. Redaktion: Drummer Heike und Zwilling Jutta (Freiburg im Breisgau-Basel-Wien 2001).
Laurien Hanna-Renate, Abgeschrieben? Plädoyer für eine faire Diskussion über das Priestertum der Frau (Freiburg 1995).
Laurien Hanna-Renate, Was Laien bewegt: zur Lage der Kirche (Freiburg 1989).
Parlamentsdirektion mit Unterstützung des Landes Steiermark (Hg.), Olga Rudel-Zeynek, Pionierin im Parlament (o. O. 2003).
Prégardier Elisabeth – Mohr Anne, Helene Weber (1881–1962). Ernte eines Lebens. Weg einer Politikerin (Annweiler-Essen 1991).
Prégardier Elisabeth – Mohr Anne, Politik als Aufgabe. Engagement christlicher Frauen in der Weimarer Republik (Annweiler-Essen 1990).
Schavan Annette (Hg.), Dialog statt Dialogverweigerung. Impulse für eine zukunftsfähige Kirche (Kevelaer ²1995).
Schavan Annette, Person und Gewissen. Studien zu Voraussetzungen, Notwendigkeit und Erfordernissen heutiger Gewissensbildung (Frankfurt am Main 1980).
Schödl Ingeborg, Gottes starke Töchter. 12 Frauen in der Kirche von heute (Mödling 1998).
Schwan Gesine, „Mut zur Weite der Vernunft". Braucht Wissenschaft Reli-

gion?, in: Benedikt XVI., Glaube und Vernunft. Die Regensburger Vorlesung. Vollständige Ausgabe, kommentiert von Gesine Schwan, Adel Theodor Khoury, Karl Kardinal Lehmann (Freiburg-Basel-Wien 2006) 33–75.
Süssmuth Rita, Frau und Kirche, in: Langer Michael (Hg.), Weil Gott nicht nur zu Mose sprach … Frauen nehmen Stellung (Innsbruck-Wien 1996) 221–230.
Wohlmuth Josef – Lücking-Michel Claudia (Hg.), Inspirationen. Beiträge zu Wissenschaft, Kunst, Gesellschaft und Spiritualität (Paderborn 2006).
Wollasch Andreas, Der Katholische Fürsorgeverein für Mädchen, Frauen und Kinder (1899–1945). Ein Beitrag zur Geschichte der Jugend- und Gefährdetenfürsorge in Deutschland (Freiburg 1991).
Wollasch Andreas, Von der Fürsorge „für die Verstoßenen des weiblichen Geschlechts" zur anwaltschaftlichen Hilfe. 100 Jahre Sozialdienst katholischer Frauen (1899–1999). Für den Sozialdienst katholischer Frauen hg. von Maria Elisabeth Thoma u. Annelie Windheuser (Olsberg 1999).

Kapitel 5: Zur Gleichstellung der Frau in der Kirche

Beinert Wolfgang (Hg.), Frauenbefreiung und Kirche. Darstellung – Analyse – Dokumentation (Regensburg 1987).
Bender Christiane u. a., Machen Frauen Kirche? Erwerbsarbeit in der organisierten Religion (Mainz 1996).
Demel Sabine, Frauen und kirchliches Amt. Vom Ende eines Tabus in der katholischen Kirche (Freiburg 2004).
Hünermann Peter u. a. (Hg.), Diakonat: Ein Amt für Frauen in der Kirche – ein frauengerechtes Amt? (Ostfildern 1997).
Reininger Dorothea, Diakonat der Frau in der Einen Kirche. Diskussionen, Entscheidungen und pastoral-praktische Erfahrungen in der christlichen Ökumene und ihr Beitrag zur römisch-katholischen Diskussion (Ostfildern 1999).
Riedel-Spangenberger Ilona, Zwischen Rechtsschutz und Diskriminierung? Kanonistische Aspekte zur Rechtsstellung der Frau in der Kirche, in: Schneider Theodor (Hg.), Mann und Frau – Grundproblem theologischer Anthropologie (Freiburg 1989) 124–141.
Welskop-Deffaa Eva M., Und sie bewegt sich doch. Die Kirche braucht mehr Frauen in Führungspositionen, in: Herder Korrespondenz 59, Heft 7 (2005) 352–356.

Kapitel 6: Frauen in Orden und Kongregationen

Dinzelbacher Peter – Hogg James Lester (Hg.), Kulturgeschichte der christlichen Orden in Einzeldarstellungen (Stuttgart 1997).

Gatz Erwin (Hg.), Caritas und soziale Dienste (Freiburg-Basel-Wien 1997).
Gatz Erwin (Hg.), Klöster und Ordensgemeinschaften (Freiburg-Basel-Wien 2006).
Langlois Claude, Le catholicisme au féminin. Les congrégations françaises à superieure générale au XIXe siècle (Paris 1984).
Meiwes Relinde, „Arbeiterinnen des Herrn". Katholische Frauenkongregationen im 19. Jahrhundert (Frankfurt-New York 2000).

Kapitel 7: Pfarrhaushälterinnen

Baernreither Franziska, Veronika. Ratschläge für Haushälterinnen in einem geistlichen Hause (Wien-Leipzig ³1916).
Festschrift 25 Jahre Österreichische Arbeitsgemeinschaft der Pfarrhaushälterinnen. Hg. von der Österreichischen Arbeitsgemeinschaft der Diözesanen Berufsgemeinschaften der Pfarrhaushälterinnen (Wien 2002).
„Kommt und seht". 75 Jahre Berufsgemeinschaft der Pfarrhaushälterinnen – Bundesverband. Hg. von der Berufsgemeinschaft der Pfarrhaushälterinnen (Augsburg 2002).
50 Jahre Veronikawerk. Hg. vom Veronikawerk (Freiburg 1973).
Knippenkötter Anneliese – Seidelmann R., Die nötigen Schritte tun. 60 Jahre Berufsgemeinschaft der Pfarrhaushälterinnen (Düsseldorf 1987).
Die nötigen Schritte tun. 60 Jahre Berufsgemeinschaft der Pfarrhaushälterinnen. Hg. von der Bundesarbeitsgemeinschaft der Pfarrhaushälterinnen (Freiburg 1987).
Wibbelt Augustin, Martha und Maria. Handbuch für katholische Pfarrhaushälterinnen (Paderborn ³1936).

Kapitel 8: Frauen in Seelsorge und Katechese

Albrecht Barbara, Es waren da Frauen … Zur beruflichen Mitarbeit der Frau im kirchlichen Dienst (Freiburg 1976).
Birkenmaier Rainer (Hg.), Werden und Wandel eines neuen kirchlichen Berufs. Sechzig Jahre Seelsorgehelferinnen/Gemeindereferent(inn)en (München-Zürich 1989).
Dubiel Dorothea u. a. (Hg.), Tradition im Auf-Bruch 1948–1998. Festschrift des Seminars für Gemeindepastoral Magdeburg (Paderborn 1998).
Friesl Christian (Hg.), Neue Perspektiven für theologische Karrieren (Innsbruck-Wien 1996).
Karrer Leo, Von Beruf Laientheologe? Kritisches Plädoyer (Wien 1970).
Loretan Adrian, Laien im pastoralen Dienst. Ein Amt in der kirchlichen Gesetzgebung: Pastoralassistent/-assistentin, Pastoralreferent/-referentin (Freiburg i. d. Schweiz 1994).

Margarete-Ruckmich-Haus, Fachakademie zur Ausbildung von Gemeindereferentinnen und Gemeindereferenten, Jubiläums-Dokumentation 70 Jahre Seminarausbildung Freiburg (1928–1998). Redaktion besorgt von Schieffer Elisabeth (Freiburg 1998) (Freiburg [2]1999).

Olbrich Clemens – Stammberger Ralf M. W. (Hg.), Und sie bewegen sie doch. PastoralreferentInnen – unverzichtbar für die Kirche (Freiburg-Basel-Wien 2000).

Pemsel-Maier Sabine (Hg.), Zwischen Alltag und Ausnahme: Seelsorgerinnen. Geschichte, Theologie und gegenwärtige Praxis (Ostfildern 2001).

Plank Georg, Was kommt nach Trient? Kirchliche Personalentwicklung nach dem II. Vatikanum (Wien 2005).

Prüller-Jagenteufel Veronika, Werkzeug und Komplizin Gottes: Hildegard Holzer und die Seelsorgehelferinnen in Österreich 1939–1968 (Münster u. a. 2002).

Rumstadt Almut, Margarete Ruckmich (1894–1985). Pionierin der hauptberuflichen Seelsorge durch Frauen (Würzburg 2003).

Seminar für Kirchliche Berufe (Hg.), … wie ein schützendes Dach. Festschrift zum 50-Jahr-Jubiläum (Wien 1995).

Swoboda Heinrich, Großstadtseelsorge. Eine pastoraltheologische Studie (Regensburg 1909, [2]1911).

Wollasch Hans-Josef, „Sociale Gerechtigkeit und christliche Charitas". Leitfiguren und Wegmarkierungen aus 100 Jahren Caritasgeschichte (Freiburg 1996).

Zulehner Paul Michael – Renner Katharina, Ortsuche: Umfrage unter Pastoralreferentinnen und Pastoralreferenten im deutschsprachigen Raum (Ostfildern 2006).

Kapitel 9: Frauen in der theologischen Wissenschaft

Alberts Werner – Ranke-Heinemann Uta, Abschied vom Christentum (Düsseldorf 2004).

Bader Günther – Heizer Martha, Theologie erden. Erinnerungen an Herlinde Pissarek-Hudelist (Thaur bei Innsbruck 1996).

Fischer Irmtraud – Knauß Stephanie – Sohn-Kronthaler Michaela (Hg.), 10 Jahre Fakultätsschwerpunkt Frauen- und Geschlechterforschung an der Katholisch-Theologischen Fakultät der Karl-Franzens-Universität Graz – Dokumentation 1994–2004 (Graz 2005).

Fischer Irmtraud – Kronthaler Michaela, Frauen an der Katholisch-Theologischen Fakultät Graz seit 1945, in: Liebmann Maximilian u. a. (Hg.), Metamorphosen des Eingedenkens. Gedenkschrift der Katholisch-Theologischen Fakultät der Karl-Franzens-Universität Graz 1945–1995 (Graz 1995) 205–213.

Fischer Irmtraud (Hg.), Theologie von Frauen für Frauen? Chancen und Probleme der Rückbindung feministischer Theologie an die Praxis (Münster 2007).
Halkes Catharina, Gott hat nicht nur starke Söhne. Grundzüge einer feministischen Theologie (Gütersloh [5]1987).
Jensen Anne – Liebmann Maximilian (Hg.), Was verändert Feministische Theologie? Interdisziplinäres Symposion zur Frauenforschung (Münster 2000).
Meyer-Wilmes Hedwig, Zwischen lila und lavendel. Schritte feministischer Theologie (Regensburg 1996).
Schüssler Fiorenza Elisabeth, Zu ihrem Gedächtnis … Eine feministisch-theologische Rekonstruktion der christlichen Ursprünge (Gütersloh [2]1993).
Sohn-Kronthaler Michaela (Hg.), Elisabeth-Gössmann-Preis für hervorragende Arbeiten zur Frauen- und Geschlechterforschung. Dokumentation des Festaktes der Katholisch-Theologischen Fakultät Graz am 21. November 2006 (Graz 2007).
Teufl Lucie, Das theologische Universitätsstudium der Frau in Österreich, Ungedr. theol. Diss. (Wien 1971).
Wacker Marie-Therese (Hg.), Theologie feministisch. Disziplinen – Schwerpunkte – Richtungen (Düsseldorf 1988).

Personenregister